Fischer TaschenBibliothek

Frühlingsgefühle. Ahnungsvoll trägt das blaue Band des Frühlings einen Duft von Zukunft durch die Lüfte. Und nicht nur die Natur keimt, auch in uns Menschen schlägt so einiges aus. Der Winterschlaf ist zu Ende, die Welt wird bunt – und endlich auch ein bisschen wärmer.

Weitere Informationen, auch zu E-Book-Ausgaben, finden Sie bei www.fischerverlage.de

Frühling, ja du bists!

Geschichten und Gedichte

Herausgegeben von
Sabine Schiffner

FISCHER TaschenBibliothek

MIX
Papier aus verantwortungsvollen Quellen
FSC® C083411

Erschienen bei FISCHER Taschenbuch
Frankfurt am Main, April 2015

Satz: Dörlemann Satz, Lemförde
Druck und Bindung: CPI books GmbH, Leck
Umschlaggestaltung: bilekjaeger
Umschlagabbildung: Sandro Botticelli, »Primavera« (Ausschnitt), um 1478/Bridgeman Art Library, Berlin
Printed in Germany
ISBN 978-3-596-52060-2

Inhalt

Herr Winter! greif Er nur zum Stab!

Aus meines Herzens Grunde lass ich einen Frühling sprießen

Frühling, ja du bists

Osterwasser

Es schwebt des Maimarkts roter Luftballon

Frühlingsfieber

Der letzte Ton fehlt dem Goldammermännchen zum Liede

Doch blau und leuchtend wird der Sommer stehn

Herr Winter! greif Er nur zum Stab!

Frühjahr

Die Winde bringen einen schwarzen Abend,
Die Wege zittern mit den kalten Bäumen,
Und in der leeren Flächen später Öde
Die Wolken rollen auf den Horizonten.

Der Wind und Sturm ist ewig in der Weite,
Nur spärlich, daß ein Sämann schon beschreitet
Das ferne Land und schwer den Samen streuet,
Den keine Frucht in toten Sommern freuet.

Die Wälder aber müssen sich zerbrechen,
Mit grauen Wipfeln in den Wind gehoben,
Die quellenlosen, in der langen Schwäche,
Und nicht mehr steigt das Blut in ihren Ästen.

Der März ist traurig. Und die Tage schwanken
Voll Licht und Dunkel auf der stummen Erde.
Die Ströme aber und die Berge decket
Der Regenschild. Und alles ist vergangen.

Die Vögel aber werden nicht mehr kommen,
Leer wird das Schilf und seine Ufer bleiben.
Und große Kähne in der Sommerstille
Zu grüner Hügel toten Schatten treiben.

Vorfrühlingswald

Schatten wie Hunde im grauen Gewaid,
Schwarzdorn, beflockt von der Häsinnen Kleid.
Sterne, wie milchig. Von Starre erlöst.
Leben, wer lebt dich? Wer ists, der dich west?

Murmelnde Munde. Es steigt und verrinnt.
Surren und Sausen. Die Uralte spinnt.
Windgepeitscht, wirrt sich das Schlafgarn vom
  Strauch –
Hört sie ihn ächzen? Und hört sie sich auch?

Grundwässer quillen. Geheimes Gefühl
Zittert und zuckt durch der Erde Gestühl.
Yggdrasils Härte, sie harzte und schmolz,
Und eine Gottheit wird hangen am Holz.

Vorfrühling

Es läuft der Frühlingswind
Durch kahle Alleen,
Seltsame Dinge sind
In seinem Wehn.

Er hat sich gewiegt,
Wo Weinen war,
Und hat sich geschmiegt
In zerrüttetes Haar.

Er schüttelte nieder
Akazienblüten
Und kühlte die Glieder
Die atmend glühten.

Lippen im Lachen
Hat er berührt,
Die weichen und wachen
Fluren durchspürt.

Er glitt durch die Flöte
Als schluchzender Schrei
An dämmernder Röte
Flog er vorbei.

Er flog mit Schweigen
Durch flüsternde Zimmer
Und löschte im Neigen
Der Ampel Schimmer.

Es läuft der Frühlingswind
Durch kahle Alleen,
Seltsame Dinge sind
In seinem Wehn.

Durch die glatten
Kahlen Alleen
Treibt sein Wehn
Blasse Schatten

Und den Duft,
Den er gebracht,
Von wo er gekommen
Seit gestern Nacht.

PETER HUCHEL

Vorfrühlingsnacht

Blaue Schatten dämmern Bäume
In die Sternennacht …
Frühlingsahnen, Frühlingsträume
Sind erwacht.

Kahle Zweige Mondschein trinken,
Der sie trunken macht …
Nebel steigen, Nebel sinken
In die Nacht.

In den Stämmen rauschen Säfte
Kälte wird zur Glut …
Frühlingsahnen, Frühlingskräfte,
Sind im Blut.

Lied

An baches ranft
Die einzigen frühen
Die hasel blühen.
Ein vogel pfeift
In kühler au.
Ein leuchten streift
Erwärmt uns sanft
Und zuckt und bleicht.
Das feld ist brach
Der baum noch grau …
Blumen streut vielleicht
Der lenz uns nach

PETER HUCHEL

Vorfrühling

Blumen blühn aus Schnee und Feuer.
Sonne streift das dunkle Tor,
Wo am kalkigen Gemäuer
Sich der Reif der Nacht verlor.

Teiche atmen nebelfreier.
Knospen starren braun und blind.
Und es harkt die weißen Schleier
Von den Pappeln fort der Wind.

Licht der Frühe! Bald wird wieder
Heilig nisten das Geschwälb,
Stäubt das Gold der Büsche nieder,
Blüht der Mauerpfeffer gelb.

Der Zauberberg

Das geschah, als auf den in ewig eintönigem Rhythmus anrollenden Meereswogen die Zeit Ostern herangetrieben war und auf »Berghof« begangen wurde, wie man alle Etappen und Einschnitte dort aufmerksam beging, um ein ungegliedertes Einerlei zu vermeiden. Beim ersten Frühstück fand jeder Gast neben seinem Gedecke ein Veilchensträußchen, beim zweiten Frühstück erhielt jedermann ein gefärbtes Ei, und die festliche Mittagstafel war mit Häschen geschmückt aus Zucker und Schokolade.

»Haben Sie je eine Schiffsreise gemacht, Tenente, oder Sie, Ingenieur?« fragte Herr Settembrini, als er nach Tische in der Halle mit seinem Zahnstocher an das Tischchen der Vettern herantrat … Wie die Mehrzahl der Gäste kürzten sie heute den Hauptliegedienst um eine Viertelstunde, indem sie sich hier zu einem Kaffee mit Kognak niedergelassen hatten. »Ich bin erinnert durch diese Häschen, diese gefärbten Eier an das Leben auf so einem großen Dampfer, bei leerem Horizont seit Wochen, in salziger Wüstenei, unter Umständen, deren vollkommene Bequemlichkeit ihre Ungeheuerlichkeit nur oberflächlich vergessen läßt, während in den tieferen Gegenden des

Gemütes das Bewußtsein davon als ein geheimes Grauen leise fortnagt ... Ich erkenne den Geist wieder, in dem man an Bord einer solchen Arche die Feste der terraferma pietätvoll andeutet. Es ist das Gedenken von Außerweltlichen, empfindsame Erinnerung nach dem Kalender ... Auf dem Festlande wäre heut Ostern, nicht wahr? Auf dem Festlande begeht man heut Königs Geburtstag, – und wir tun es auch, so gut wir können, wir sind auch Menschen ... Ist es nicht so?«

Die Vettern stimmten zu. Wahrhaftig, so sei es. Hans Castorp, gerührt von der Anrede und vom schlechten Gewissen gespornt, lobte die Äußerung in hohen Tönen, fand sie geistreich, vorzüglich und schriftstellerisch und redete Herrn Settembrini aus allen Kräften nach dem Munde. Gewiß, nur oberflächlich, ganz wie Herr Settembrini es so plastisch gesagt habe, lasse der Komfort auf dem Ozean-Steamer die Umstände und ihre Gewagtheit vergessen, und es liege, wenn er auf eigene Hand das hinzufügen dürfe, sogar eine gewisse Frivolität und Herausforderung in diesem vollendeten Komfort, etwas dem ähnliches, was die Alten Hybris genannt hätten (sogar die Alten zitierte er aus Gefallsucht), oder dergleichen, wie »Ich bin der König von Babylon!«, kurz Frevelhaftes. Auf der anderen Seite aber involviere (»involviere«!) der Luxus an Bord doch auch einen großen Triumph des Menschengeistes und der Menschenehre, – indem er diesen Luxus und Komfort auf die salzigen Schäume hinaustrage und dort kühnlich aufrecht erhalte, setze der Mensch gleichsam den Elementen den Fuß auf den Nacken, den wilden Gewalten, und das involviere den Sieg der menschlichen Zivilisation über das Chaos, wenn er auf eigene Hand diesen Ausdruck gebrauchen dürfe …

Herr Settembrini hörte ihm aufmerksam zu, die Füße gekreuzt und die Arme ebenfalls, wobei er sich auf zierliche Art mit dem Zahnstocher den geschwungenen Schnurrbart strich.

»Es ist bemerkenswert«, sagte er. »Der Mensch tut keine nur einigermaßen gesammelte Äußerung allgemeiner Natur, ohne sich ganz zu verraten, unversehens sein ganzes Ich hineinzulegen, das Grundthema und Urproblem seines Lebens irgendwie im Gleichnis darzustellen. So ist es Ihnen soeben ergangen, Ingenieur. Was Sie da sagten, kam in der Tat aus dem Grunde Ihrer Persönlichkeit, und auch den zeitlichen Zustand dieser Persönlichkeit drückte es auf dichterische Weise aus: es ist immer noch der Zustand des Experimentes …«

»Placet experiri!«, sagte Hans Castorp nickend und lachend, mit italienischem c.

»Sicuro, – wenn es sich dabei um die respektable Leidenschaft der Welterprobung handelt und nicht um Liederlichkeit. Sie sprachen von ›Hybris‹, Sie bedienten sich dieses Ausdrucks. Aber die Hybris der

Vernunft gegen die dunklen Gewalten ist höchste Menschlichkeit, und beschwört sie die Rache neidischer Götter herauf, per esempio, indem die Luxusarche scheitert und senkrecht in die Tiefe geht, so ist das ein Untergang in Ehren. Auch die Tat des Prometheus war Hybris, und seine Qual am skythischen Felsen gilt uns als heiligstes Martyrium. Wie steht es dagegen um jene andere Hybris, um den Untergang im buhlerischen Experiment mit den Mächten der Widervernunft und der Feindschaft gegen das Menschengeschlecht? Hat das Ehre? Kann das Ehre haben? Sì o no!«

Hans Castorp rührte in seinem Täßchen, obgleich nichts mehr darin war.

»Ingenieur, Ingenieur,« sagte der Italiener mit dem Kopfe nickend, und seine schwarzen Augen hatten sich sinnend »festgesehen«, »fürchten Sie nicht den Wirbelsturm des zweiten Höllenkreises, der die Fleischessünder prellt und schwenkt, die Unseligen, die die Vernunft der Lust zum Opfer brachten? Gran Dio, wenn ich mir einbilde, wie Sie kopfüber, kopfunter umhergepustet flattern werden, so möchte ich vor Kummer umfallen wie eine Leiche fällt ...«

Sie lachten, froh, daß er scherzte und Poetisches redete. Aber Settembrini setzte hinzu:

»Am Faschingsabend beim Wein, Sie erinnern sich, Ingenieur, nahmen Sie gewissermaßen Abschied von mir, doch, es war etwas dem ähnliches. Nun, heute bin *ich* an der Reihe. Wie Sie mich hier sehen, meine Herren, bin ich im Begriff, Ihnen Lebewohl zu sagen. Ich verlasse dies Haus.«

Beide verwunderten sich aufs höchste.

»Nicht möglich! Das ist nur Scherz!« rief Hans Castorp, wie er bei anderer Gelegenheit auch gerufen hatte. Er war fast ebenso erschrocken wie damals. Aber auch Settembrini erwiderte:

»Durchaus nicht. Es ist, wie ich Ihnen sage. Und übrigens trifft Sie diese Nachricht nicht unvorbereitet. Ich habe Ihnen erklärt, daß in dem Augenblick, wo sich meine Hoffnung, in irgendwie absehbarer Zeit in die Welt der Arbeit zurückkehren zu können, als unhaltbar erweisen werde, ich hier meine Zelte abzubrechen und irgendwo im Orte mich für die Dauer einzurichten entschlossen sei. Was wollen Sie tun, – dieser Augenblick ist eingetreten. Ich kann nicht genesen, es ist ausgemacht. Ich kann mein Leben fristen, aber nur hier. Das Urteil, das endgültige Urteil, lautet auf lebenslänglich, – mit der ihm eigenen Aufgeräumtheit hat Hofrat Behrens es mir verkündet. Gut denn, ich ziehe die Folgerungen. Ein Logis ist gemietet, ich bin im Begriffe, meine geringe irdische Habe, mein literarisches Handwerkszeug dorthin zu schaffen … Es ist nicht einmal weit von hier, in ›Dorf‹, wir werden einander begegnen, gewiß, ich werde Sie nicht aus den Augen verlieren, als Hausgenosse aber habe ich die Ehre, mich von Ihnen zu verabschieden.«

So Settembrinis Eröffnung am Ostersonntag. Die Vettern hatten sich außerordentlich bewegt darüber gezeigt. Des längeren noch, und wiederholt, hatten sie mit dem Literaten über seinen Entschluß gesprochen: darüber, wie er auch privatim den Kurdienst weiter werde ausüben können, über die Mitnahme und Fortführung ferner der weitläufigen enzyklopädischen Arbeit, die er auf sich genommen, jener Übersicht aller schöngeistigen Meisterwerke, unter dem Gesichtspunkt der Leidenskonflikte und ihrer Ausmerzung; endlich auch über sein zukünftiges Quartier im Hause eines »Gewürzkrämers«, wie Herr Settembrini sich ausdrückte. Der Gewürzkrämer, berichtete er, habe den oberen Teil seines Eigentums an einen böhmischen Damenschneider vermietet, der seinerseits Aftermieter aufnehme ... Diese Gespräche also lagen zurück. Die Zeit schritt fort, und mehr als eine Veränderung hatte sie bereits gezeitigt. Settembrini wohnte wirklich nicht mehr im internationalen Sanatorium »Berghof«, sondern bei Lukaček, dem Damenschneider, – schon seit einigen Wochen. Nicht in Form einer Schlittenabreise hatte sein Auszug sich abgespielt, sondern zu Fuß, in kurzem, gelbem Paletot, der am Kragen und an den Ärmeln ein wenig mit Pelz besetzt war, und begleitet von einem Mann, der auf einem Schubkarren das literarische und das irdische Handgepäck des Schriftstellers beförderte, hatte man ihn stockschwingend davongehen sehen, nachdem er noch unterm Portal eine Saaltochter mit den Rücken zweier Finger in die Wange gezwickt ... Der April, wie wir sagten, lag schon zu einem guten Teil, zu drei Vierteln, im Schatten der Vergangenheit, noch war es tiefer Winter, gewiß, im Zimmer hatte man knappe sechs Wärmegrade am Morgen, draußen war neungradige Kälte, die Tinte im Glase, wenn man es in der Loggia ließ, gefror über Nacht noch immer zu einem Eisklumpen, einem Stück Steinkohle. Aber der Frühling nahte, das wußte man; am Tage, wenn die Sonne schien, spürte man hie und da bereits eine ganz leise, ganz zarte Ahnung von ihm in der Luft; die Periode der Schneeschmelze stand in naher Aussicht, und damit hingen die Veränderungen zusammen, die sich auf »Berghof« unaufhaltsam vollzogen, – nicht aufzuhalten selbst durch die Autorität, das lebendige Wort des Hofrats, der in Zimmer und Saal, bei jeder Untersuchung, jeder Visite, jeder Mahlzeit das populäre Vorurteil gegen die Schneeschmelze bekämpfte.

Ob es Wintersportsleute seien, fragte er, mit denen er es zu tun habe, oder Kranke, Patienten? Wozu in aller Welt sie denn Schnee, gefrorenen Schnee brauchten? Eine ungünstige Zeit, – die Schneeschmelze? Die allergünstigste sei es! Nachweislich gäbe es im ganzen Tal um diese Zeit verhältnismäßig weniger Bettlägrige, als irgendwann sonst im Jahre! Überall in der weiten Welt seien die Wetterbedingungen für Lungenkranke zu dieser Frist schlechter als gerade hier! Wer einen Funken Verstand habe, der harre aus und nutze die abhärtende Wirkung der hiesigen Witterungsverhältnisse. Danach dann sei er fest gegen Hieb und Stich, gefeit gegen jedes Klima der Welt, vorausgesetzt nur, daß der volle Eintritt der Heilung abgewartet worden sei – und so fort. Aber der Hofrat hatte gut reden, – die Voreingenommenheit gegen die Schneeschmelze saß fest in den Köpfen, der Kurort leerte sich; wohl möglich, daß es der sich nähernde Frühling war, der den Leuten im Leibe rumorte und seßhafte Leute unruhig und veränderungssüchtig machte, – jedenfalls mehrten die »wilden« und »falschen« Abreisen sich auch im Hause Berghof bis zur Bedenklichkeit. Frau Salomon aus Amsterdam zum Beispiel, trotz dem Vergnügen, das die Untersuchungen und das damit verbundene Zurschaustellen feinster Spitzenwäsche ihr bereiteten, reiste vollständig wilder- und falscherweise ab, ohne jede Erlaubnis und nicht, weil es ihr besser, sondern weil es ihr immer schlechter ging. Ihr Aufenthalt hier oben verlor sich weit zurück hinter Hans Castorps Ankunft; länger als ein Jahr war es her, daß sie eingetroffen war, – mit einer ganz leichten Affektion, für die ihr drei Monate zudiktiert worden waren. Nach vier Monaten hatte sie »in vier Wochen sicher gesund« sein sollen, aber sechs Wochen später hatte von Heilung überhaupt nicht die Rede sein können:

sie müsse, hatte es geheißen, mindestens noch vier Monate bleiben. So war es fortgegangen, und es war ja kein Bagno und kein sibirisches Bergwerk hier, – Frau Salomon war geblieben und hatte feinstes Unterzeug an den Tag gelegt. Da sie nun aber nach der letzten Untersuchung, im Angesicht der Schneeschmelze, eine neue Zulage von fünf Monaten erhalten hatte, wegen Pfeifens links oben und unverkennbarer Mißtöne unter der linken Achsel, war ihr die Geduld gerissen, und mit Protest, unter Schmähungen auf »Dorf« und »Platz«, auf die berühmte Luft, das internationale Haus Berghof und die Ärzte reiste sie ab, nach Hause, nach Amsterdam, einer zugigen Wasserstadt.

War das klug gehandelt? Hofrat Behrens hob Schultern und Arme auf und ließ die letzteren geräuschvoll gegen die Schenkel zurückfallen. Spätestens im Herbst, sagte er, werde Frau Salomon wieder da sein, – dann aber auf immer. Würde er recht behalten? Wir werden sehen, wir sind noch auf längere Erdenzeit an diesen Lustort gebunden. Aber der Fall Salomon war also durchaus nicht der einzige seiner Art. Die Zeit zeitigte Veränderungen, – sie hatte das ja auch immer getan, aber allmählicher, nicht so auffallend. Der Speisesaal wies Lücken auf, Lücken an allen sieben Tischen, am Guten Russentisch wie am Schlechten, an den längs- wie an den querstehenden. Nicht gerade, daß dies von der Frequenz des

Hauses ein zuverlässiges Bild gegeben hätte; auch Ankünfte, wie jederzeit, hatten stattgefunden; die Zimmer mochten besetzt sein, aber da handelte es sich eben um Gäste, die durch finalen Zustand in ihrer Freizügigkeit eingeschränkt waren. Im Speisesaal, wie wir sagten, fehlte manch einer dank noch bestehender Freizügigkeit; manch einer aber tat es sogar auf eine besonders tiefe und hohle Weise, wie Dr. Blumenkohl, der tot war. Immer stärker hatte sein Gesicht den Ausdruck angenommen, als habe er etwas schlecht Schmeckendes im Munde; dann war er dauernd bettlägrig geworden und dann gestorben, – niemand wußte genau zu sagen, wann; mit aller gewohnten Rücksicht und Diskretion war die Sache behandelt worden. Eine Lücke. Frau Stöhr saß neben der Lücke, und sie graute sich vor ihr. Darum siedelte sie an des jungen Ziemßen andere Seite über, an den Platz Miß Robinsons, die als geheilt entlassen worden, gegenüber der Lehrerin, Hans Castorps linksseitiger Nachbarin, die fest auf ihrem Posten geblieben war. Ganz allein saß sie derzeit an dieser Tischseite, die übrigen drei Plätze waren frei. Student Rasmussen, der täglich dümmer und schlaffer geworden, war bettlägrig und galt für moribund; und die Großtante war mit ihrer Nichte und der hochbrüstigen Marusja verreist, – wir sagen »verreist«, wie alle es sagten, weil ihre Rückkehr in naher Zeit eine ausgemachte Sache war. Zum Herbst schon würden sie wieder eintreffen, – war das eine Abreise zu nennen? Wie nah war nicht Sommersonnenwende, wenn erst einmal Pfingsten gewesen war, das vor der Türe stand; und kam der längste Tag, so gings ja rapide bergab, auf den Winter zu, – kurzum, die Großtante und Marusja waren beinahe schon wieder da, und das war gut, denn die lachlustige Marusja war keineswegs ausgeheilt und entgiftet; die Lehrerin wußte etwas von tuberkulösen Geschwüren, die die braunäugige Marusja an ihrer üppigen Brust haben sollte, und die schon mehrmals hatten operiert werden müssen. Hans Castorp hatte, als die Lehrerin davon sprach, hastig auf Joachim geblickt, der sein fleckig gewordenes Gesicht über seinen Teller geneigt hatte.

Die muntere Großtante hatte den Tischgenossen, also den Vettern, der Lehrerin und Frau Stöhr ein Abschiedssouper im Restaurant gegeben, eine Schmauserei mit Kaviar, Champagner und Likören, bei der Joachim sich sehr still verhalten, ja, nur einzelnes mit fast tonloser Stimme gesprochen hatte, so daß die Großtante in ihrer Menschenfreundlichkeit ihm Mut zugesprochen und ihn dabei, unter Ausschaltung zivilisierter Sittengesetze, sogar geduzt hatte. »Hat nichts auf sich, Väterchen, mach dir nichts draus, sondern trink, iß und sprich, wir kommen bald wieder!« hatte sie gesagt. »Wollen wir alle essen, trinken und schwatzen und den Gram – Gram sein lassen, Gott läßt Herbst werden, eh wirs gedacht, urteile selbst, ob Grund ist zum Kummer!« Am nächsten Morgen hatte sie zur Erinnerung bunte Schachteln mit »Konfäktchen« an fast alle Besucher des Speisesaales verteilt und war dann mit ihren beiden jungen Mädchen etwas verreist.

Und Joachim, wie stand es um ihn? War er befreit und erleichtert seitdem, oder litt seine Seele schwere Entbehrung angesichts der leeren Tischseite? Hing seine ungewohnte und empörerische Ungeduld, seine Drohung, wilde Abreise halten zu wollen, wenn man ihn länger an der Nase führe, mit der Abreise Marusjas zusammen? Oder war vielmehr die Tatsache, daß er vorderhand eben doch noch nicht reiste, sondern der hofrätlichen Verherrlichung der Schneeschmelze sein Ohr lieh, auf jene andere zurückzuführen, daß die hochbusige Marusja nicht ernstlich abgereist, sondern nur etwas verreist war und in fünf kleinsten Teileinheiten hiesiger Zeit wieder eintreffen würde? Ach, das war wohl alles auf einmal der Fall, alles in gleichem Maße; Hans Castorp konnte es sich denken, auch ohne je mit Joachim über die Sache zu sprechen. Denn dessen enthielt er sich ebenso streng, wie Joachim es vermied, den Namen einer anderen etwas Verreisten zu nennen.

Unterdessen aber, an Settembrinis Tisch, an des Italieners Platz – wer saß dort seit kurzem, in Gesellschaft holländischer Gäste, deren Appetit so ungeheuer war, daß jeder von ihnen sich zu Anfang des täglichen Fünf-Gänge-Diners, noch vor der Suppe, drei Spiegeleier servieren ließ? Es war Anton Karlowitsch Ferge, er, der das höllische Abenteuer des Pleura-Choks erprobt hatte! Ja, Herr Ferge war außer Bett; auch ohne Pneumothorax hatte sein Zustand sich so gebessert, daß er den größten Teil des Tages mobil und angekleidet verbrachte und mit seinem gutmütig-bauschigen Schnurrbart und seinem ebenfalls gutmütig wirkenden großen Kehlkopf an den Mahlzeiten teilnahm. Die Vettern plauderten manchmal mit ihm in Saal und Halle, und auch für die Dienstpromenaden taten sie sich dann und wann, wenn es sich eben so traf, mit ihm zusammen, Neigung im Herzen für den schlichten Dulder, der von hohen Dingen gar nichts zu verstehen erklärte und, dies vorausgesandt, überaus behaglich von Gummischuhfabrikation und fernen Gebieten des russischen Reiches, Samara, Georgien, erzählte, während sie im Nebel durch den Schneewasserbrei stapften.

Denn die Wege waren wirklich kaum gangbar jetzt, sie befanden sich in voller Auflösung, und die Nebel brauten. Der Hofrat sagte zwar, es seien keine Nebel, es seien Wolken; aber das war Wortfuchserei nach Hans Castorps Urteil. Der Frühling focht einen schweren Kampf, der sich, unter hundert Rückfällen ins Bitter-Winterliche, durch Monate, bis in den Juni hinein, erstreckte. Schon im März, wenn die Sonne schien, war es auf dem Balkon und im Liegestuhl, trotz leichtester Kleidung und Sonnenschirm, vor Hitze kaum auszuhalten gewesen, und es gab Damen, die schon damals Sommer gemacht und bereits beim ersten Frühstück Musselinkleider vorgeführt hatten. Sie waren in einem Grade entschuldigt durch die Eigenart des Klimas hier oben, das Verwirrung begünstigte, indem es die Jahreszeiten meteorologisch durcheinander warf; aber es war auch bei ihrem Vorwitz viel Kurzsicht und Phantasielosigkeit im Spiel, jene Dummheit von Augenblickswesen, die nicht zu denken vermag, daß es noch wieder anders kommen kann, sowie vor allem Gier nach Abwechslung und zeitverschlingende Ungeduld: man schrieb März, das war Frühling, das war so gut wie Sommer, und man zog die Musselinkleider hervor, um sich darin zu zeigen, ehe der Herbst einfiel. Und das tat er, gewissermaßen. Im April fielen trübe, naßkalte Tage ein, deren Dauerregen in Schnee, in wirbelnden Neuschnee überging. Die Finger erstarrten in der Loggia, die beiden Kamelhaardecken traten ihren Dienst wieder an, es fehlte nicht viel, daß man zum Pelzsack gegriffen hätte, die Verwaltung entschloß sich, zu heizen, und jedermann klagte, man werde um seinen Frühling betrogen. Alles war dick verschneit gegen Ende des Monats; aber dann kam Föhn auf, vorausgesagt, vorausgewittert von erfahrenen und empfindlichen Gästen: Frau Stöhr sowohl, wie die elfenbeinfarbene Levi, wie nicht minder die

Witwe Hessenfeld spürten ihn einstimmig schon, bevor noch das kleinste Wölkchen über dem Gipfel des Granitbergs im Süden sich zeigte. Frau Hessenfeld neigte alsbald zu Weinkrämpfen, die Levi wurde bettlägrig, und Frau Stöhr, die Hasenzähne störrisch entblößt, bekundete stündlich die abergläubische Befürchtung, ein Blutsturz möchte sie ereilen; denn die Rede ging, daß Föhnwind dergleichen befördere und bewirke. Unglaubliche Wärme herrschte, die Heizung erlosch, man ließ über Nacht die Balkontür offen und hatte trotzdem morgens elf Grad im Zimmer; der Schnee schmolz gewaltig, er wurde eisfarben, porös und löcherig, sackte zusammen, wo er zu Hauf lag, schien sich in die Erde zu verkriechen. Ein Sickern, Sintern und Rieseln war überall, ein Tropfen und Stürzen im Walde, und die geschaufelten Schranken an den Straßen, die bleichen Teppiche der Wiesen verschwanden, wenn auch die Massen allzu reichlich gelegen hatten, um rasch zu verschwinden. Da gab es wundersame Erscheinungen, Frühlingsüberraschungen auf Dienstwegen im Tal, märchenhaft, nie gesehen. Ein Wiesengebreite lag da, – im Hintergrund ragte der Schwarzhornkegel, noch ganz im Schnee, mit dem ebenfalls noch tief verschneiten Scalettagletscher rechts in der Nähe, und auch das Gelände mit seinem Heuschober irgendwo lag noch im Schnee, wenn auch die Decke schon dünn und schütter war, von rauhen und dunklen Bodenerhebungen da und dort unterbrochen, von trockenem Grase überall durchstochen. Das war jedoch, wie die Wanderer fanden, eine unregelmäßige Art von Verschneitheit, die diese Wiese da aufwies, – in der Ferne, gegen die waldigen Lehnen hin, war sie dichter, im Vordergrund aber, vor den Augen der Prüfenden, war das noch winterlich dürre und mißfarbene Gras mit Schnee nur noch gesprenkelt, betupft, beblümt ... Sie sahen es näher an, sie beugten sich staunend darüber, – das war kein Schnee, es waren Blumen, Schneeblumen, Blumenschnee, kurzstielige kleine Kelche, weiß und weißbläulich, es war Krokus, bei ihrer Ehre, millionenweise dem sickernden Wiesengrunde entsprossen, so dicht, daß man ihn gut und gern hatte für Schnee halten können, in den er weiterhin denn auch ununterscheidbar überging.

Sie lachten über ihren Irrtum, lachten vor Freude über das Wunder vor ihren Augen, diese lieblich zaghafte und nachahmende Anpassung des zuerst sich wieder hervorgetrauenden organischen Lebens. Sie pflückten davon, betrachteten und untersuchten die zarten Bechergebilde, schmückten ihre Knopflöcher damit, trugen sie heim, stellten sie in die Wassergläser auf ihren Zimmern; denn die unorganische Starre des Tales war lang gewesen, – lang, wenn auch kurzweilig.

Aber der Blumenschnee wurde mit wirklichem zugedeckt, und auch den blauen Soldanellen, den gelben und roten Primeln erging es so, die ihm folgten. Ja, wie schwer der Frühling es hatte, sich durchzuringen und den hiesigen Winter zu überwältigen! Zehnmal ward er zurückgeworfen, bevor er Fuß fassen konnte hier oben, – bis zum nächsten Einbruch des Winters, mit weißem Gestöber, Eiswind und Heizungsbetrieb. Anfang Mai (denn nun ist es gar schon Mai geworden, während wir von Schneeblumen erzählten), Anfang Mai war es schlechthin eine Qual, in der Loggia nur eine Postkarte ins Flachland zu schreiben, so schmerzten die Finger vor rauher Novembernässe; und die fünfeinhalb Laubbäume der Gegend waren kahl wie die Bäume der Ebene im Januar. Tagelang währte der Regen, eine Woche lang stürzte er nieder, und ohne die versöhnenden Eigenschaften des hiesigen Liegestuhltyps wäre es überaus hart gewesen, im Wolkenqualm, mit nassem, starrem Gesicht, so viele Ruhestunden im Freien zu verbringen. Insgeheim aber war es ein Frühlingsregen, um den es sich handelte, und mehr und mehr, je länger er dauerte, gab er als solcher sich auch zu erkennen. Fast aller Schnee schmolz unter ihm weg; es gab kein Weiß mehr, nur hie und da noch ein schmutziges Eisgrau, und nun begannen wahrhaftig die Wiesen zu grünen!

Welch milde Wohltat fürs Auge, das Wiesengrün, nach dem unendlichen Weiß! Und noch ein anderes Grün war da, an Zartheit und lieblicher Weiche das

Grün des neuen Grases noch weit übertreffend. Das waren die jungen Nadelbüschel der Lärchen, – Hans Castorp konnte auf Dienstwegen selten umhin, sie mit der Hand zu liebkosen und sich die Wange damit zu streicheln, so unwiderstehlich lieblich waren sie in ihrer Weichheit und Frische. »Man könnte zum Botaniker werden,« sagte der junge Mann zu seinem Begleiter, »man könnte wahr und wahrhaftig Lust bekommen zu dieser Wissenschaft vor lauter Spaß an dem Wiedererwachen der Natur nach einem Winter bei uns hier oben! Das ist ja Enzian, Mensch, was du da am Abhange siehst, und dies hier ist eine gewisse Sorte von kleinen gelben Veilchen, mir unbekannt. Aber hier haben wir Ranunkeln, sie sehen unten ja auch nicht anders aus, aus der Familie der Ranunkulazeen, gefüllt, wie mir auffällt, eine besonders reizende Pflanze, zwittrig übrigens, du siehst da eine Menge Staubgefäße und eine Anzahl Fruchtknoten, ein Andrözeum und ein Gynäzeum, soviel ich behalten habe. Ich glaube bestimmt, ich werde mir einen oder den anderen botanischen Schmöker zulegen, um mich etwas besser zu informieren auf diesem Lebens- und Wissensgebiet. Ja, wie es nun bunt wird auf der Welt!«

»Das kommt noch besser im Juni«, sagte Joachim. »Die Wiesenblüte hier ist ja berühmt. Aber ich glaube doch nicht, daß ich sie abwarte. – Das hast du wohl von Krokowski, daß du Botanik studieren willst?«

Krokowski? Wie meinte er das? Ach so, er kam darauf, weil Dr. Krokowski sich neulich botanisch gebärdet hatte bei einer seiner Konferenzen. Denn der ginge freilich fehl, der meinte, die durch die Zeit gezeitigten Veränderungen wären so weit gegangen, daß Dr. Krokowski keine Vorträge mehr gehalten hätte! Vierzehntägig hielt er sie, nach wie vor, im Gehrock, wenn auch nicht mehr in Sandalen, die er nur sommers trug und also nun bald wieder tragen würde, – jeden zweiten Montag im Speisesaal, wie damals, als Hans Castorp, mit Blut beschmiert, zu spät gekommen war, in seinen ersten Tagen. Drei Vierteljahre lang hatte der Analytiker über Liebe und Krankheit gesprochen, – nie viel auf einmal, in kleinen Portionen, in halb- bis dreiviertelstündigen Plaudereien, breitete er seine Wissens- und Gedankenschätze aus, und jedermann hatte den Eindruck, daß er nie werde aufzuhören brauchen, daß es immer und ewig so weitergehen könne. Das war eine Art von halbmonatlicher »Tausendundeine Nacht«, sich hinspinnend von Mal zu Mal ins Beliebige und wohlgeeignet, wie die Märchen der Scheherezade, einen neugierigen Fürsten zu befrieden und von Gewalttaten abzuhalten. In seiner Uferlosigkeit erinnerte Dr. Krokowskis Thema an das Unternehmen, dem Settembrini seine Mitarbeit geschenkt, die Enzyklopädie der Leiden; und als wie abwandlungsfähig es sich erwies, möge man daraus ersehen, daß der Vortragende neulich sogar von Botanik gesprochen hatte, genauer: von Pilzen ... Übrigens hatte er den Gegenstand vielleicht ein wenig gewechselt; es war jetzt eher die Rede von Liebe und *Tod*, was denn zu mancher Betrachtung teils zart poetischen, teils aber unerbittlich wissenschaftlichen Gepräges Anlaß gab. In diesem Zusammenhang also war das Gelehrte in seinem östlich schleppenden Tonfall und mit seinem nur einmal anschlagenden Zungen-R auf Botanik gekommen, das heißt auf die Pilze, – diese üppigen und phantastischen Schattengeschöpfe des organischen Lebens, fleischlich von Natur, dem Tierreich sehr nahe stehend, – Produkte tierischen Stoffwechsels, Eiweiß, Glykogen, animalische Stärke also, fanden sich in ihrem Aufbau. Und Dr. Krokowski hatte von einem Pilz gesprochen, berühmt schon seit dem klassischen Altertum seiner Form und der ihm zugeschriebenen Kräfte wegen, – einer Morchel, in deren lateinischem Namen das Beiwort impudicus vorkam, und dessen Gestalt an die Liebe, dessen Geruch jedoch an den Tod erinnerte. Denn das war auffallenderweise Leichengeruch, den der Impudicus verbreitete, wenn von seinem glockenförmigen Hute der grünliche, zähe Schleim abtropfte, der ihn bedeckte, und der Träger der Sporen war. Aber bei Unbelehrten galt der Pilz noch heute als aphrodisisches Mittel.

Na, etwas stark war das ja gewesen für die Damen, hatte Staatsanwalt Paravant gefunden, der, moralisch gestützt durch des Hofrats Propaganda, die Schneeschmelze hier überdauerte. Und auch Frau Stöhr, die ebenfalls charaktervoll standhielt und jeder Versuchung zu wilder Abreise die Stirne bot, hatte bei Tische geäußert, heute sei Krokowski denn aber doch »obskur« gewesen mit seinem klassischen Pilz. »Obskur«, sagte die Unselige und schändete ihre Krankheit durch namenlose Bildungsschnitzer. Worüber aber Hans Castorp sich wunderte, war, daß Joachim auf Dr. Krokowski und seine Botanik anspielte; denn eigentlich war zwischen ihnen von dem Analytiker ebensowenig die Rede wie von der Person Clawdia Chauchats oder der Marusjas, – sie erwähnten ihn nicht, sie übergingen sein Wesen und Wirken lieber mit Stillschweigen. Jetzt aber also hatte Joachim den Assistenten genannt, – in mißlaunigem Tone, wie übrigens auch schon seine Bemerkung, daß er die volle Wiesenblüte nicht abwarten wolle, recht mißlaunig geklungen hatte. Der gute Joachim, nachgerade schien er im Begriff, sein Gleichgewicht einzubüßen; seine Stimme schwankte beim Sprechen vor Gereiztheit, er war an Sanftmut und Besonnenheit durchaus nicht mehr der alte. Entbehrte er das Apfelsinenparfüm? Brachte die Fopperei mit der Gaffky-Nummer ihn zur Verzweiflung? Konnte er nicht mit sich selber ins Reine darüber kommen, ob er den Herbst hier erwarten oder falsche Abreise halten sollte?

THEODOR STORM

Frühlingslied

Zu des Mädchens Wiegenfeste
Und als das Kind geboren ward,
Von dem ich heute singe,
Der Winter schüttelte den Bart:
»Was sind mir das für Dinge!
Wie kommt dies Frühlingsblümelein
In mein bereiftes Haus hinein?
Potz Wunder über Wunder!«

Doch klingeling! Ringsum im Kreis
Bewegt' sich's im geheimen;
Schneeglöckchen hob das Köpfchen weiß,
Maiblümchen stand im Keimen;
Und durch die Lüfte Tag für Tag,
Da ging ein süßer Lerchenschlag
Weit über Feld und Auen.

Herr Winter! greif Er nur zum Stab!
Das sind gar schlimme Dinge:
Sein weißes Kleid wird gar zu knapp,
Sein Ansehn zu geringe! –
Wie übern Berg die Lüfte wehn,
Da merk ich, was das Blümlein schön
Uns Liebliches bedeute.

Uns hat der Winter über alles Schaden zugefügt.
Heide und Wald sind fahl,
die einst so süß widerhallten von tausend Vogelstimmen.
Sah ich erst wieder die Mädchen auf der Straße den Ball
werfen, dann käme uns der Vogelsang zurück.

Könnte ich doch den Winter verschlafen!
Verwache ich ihn indessen, so hasse ich ihn,
weil seine Herrschaft sich weit und breit erstreckt.
Aber weiß Gott, eines Tages wird er doch dem Mai das Feld räumen.
Dann pflück ich Blumen dort, wo jetzt der Reif liegt.

Die Fenster auf, die Herzen auf!
Geschwinde! Geschwinde!
Der alte Winter will heraus,
er trippelt ängstlich durch das Haus,
er windet bang sich in der Brust
und kramt zusammen seinen Wust.
Geschwinde, geschwinde.

Die Fenster auf, die Herzen auf!
Geschwinde! Geschwinde!
Er spürt den Frühling vor dem Thor,
der will ihn zupfen bei dem Ohr,
ihn zausen an dem weißen Bart
nach solcher wilden Buben Art.
Geschwinde, geschwinde.

Die Fenster auf, die Herzen auf!
Geschwinde! Geschwinde!
Der Frühling pocht und klopft ja schon,
horcht, horcht, es ist sein lieber Ton!
Er pocht und klopfet, was er kann
Mit kleinen Blumenknospen an.
Geschwinde, geschwinde.

Die Fenster auf, die Herzen auf!
Geschwinde! Geschwinde!
Es kommt der Junker Morgenwind,
ein bausebackig rothes Kind,
und blast, daß alles klingt und klirrt,
bis seinem Herrn geöffnet wird.
Geschwinde, geschwinde.

Die Fenster auf, die Herzen auf!
Geschwinde! Geschwinde!
Es kommt der Ritter Sonnenschein,
Der bricht mit goldnen Lanzen ein,
Der sanfte Schmeichler Blüthenhauch
Schleicht durch die engsten Ritzen auch.
Geschwinde, geschwinde.

Die Fenster auf, die Herzen auf!
Geschwinde! Geschwinde!
Zum Angriff schlägt die Nachtigal,
und horch, und horch, ein Wiederhall,
ein Widerhall aus meiner Brust!
Herein, herein, du Frühlingslust!

Geschwinde, geschwinde!

Aus meines Herzens Grunde
lass ich einen Frühling sprießen

Aussaat

In das Blumenbeet
Meiner Hüften
Will ich deine Augen säen
Ehe die goldenen Blätter fallen
Und uns zudecken

Damit sie im Frühling
Mit den Narzissen und Hyazinthen
Die neuen Lider öffnen

Im Frühling

Hier lieg ich auf dem Frühlingshügel:
Die Wolke wird mein Flügel,
ein Vogel fliegt mir voraus.
Ach sag mir, all-einzige Liebe,
Wo du bleibst, daß ich bei dir bliebe!
Doch du und die Lüfte, ihr habt kein Haus.

Der Sonnenblume gleich steht mein Gemüte offen,
Sehnend
Sich dehnend
In Lieben und Hoffen.
Frühling, was bist du gewillt?
Wann werd ich gestillt?

Die Wolke seh ich wandeln und den Fluß,
es dringt der Sonne goldner Kuß
mir tief bis ins Geblüt hinein;
die Augen, wunderbar berauschet,
Tun als schliefen sie ein,
Nur noch das Ohr dem Ton der Biene lauschet.

Ich denke dies und denke das,
Ich sehne mich, und weiß nicht recht, nach was:
Halb ist es Lust, halb ist es Klage;
Mein Herz, o sage,
Was webst du für Erinnerung
In golden grüner Zweige Dämmerung?
Alte unnennbare Tage!

Frühling der Liebe

Draußen tobt der böse Winter,
Und die Blumen, die er knickte,
Malt er höhnisch an die Fenster
Mir in bleichen, starren Bildern.
Winter, stürme nur und brause!
Machst mich doch nicht mehr erzittern.
Denn aus meines Herzens Grunde
Lass' ich einen Frühling sprießen,
Den der Schnee nicht kann bedecken,
Den das Eis nicht macht gefrieren,
Einen Frühling, dessen Sonne
Ist das Auge meiner Liebsten,
Dessen Luft und Duft ihr Odem,
Dessen Rosen ihre Lippen,
Und ich schweb' als junge Lerche
Drüber hin mit meinen Liedern.

Der innere Bezirk

Langsam ging sie in die Stadt hinein. Es war ein Frühlingstag mit Föhnluft, der Himmel sah wie geschliffen aus. Der Föhn machte ein schwankendes Gefühl im Kopf, als hätte sie sich mit Luft und Helligkeit betrunken. Im Café bei den Hofgartenarkaden wollte sie sich mit Schirges treffen, einem altmodischen Café, das ANAST hieß, weil es einem Mann namens Gustl Anast gehörte. Sie kannte ihn nicht, aber es war gut, viele Leute nicht zu kennen. Jetzt saß sie hier am Fenster und schaute auf den sonnespiegelnden Platz mit der Kirche hinaus, die grünliche Turmzierrate hatte. Tauben trippelten, als wären sie aus dunklem Glas. Das Damasttischtuch schimmerte, ein Ornament war hineingewoben und sah wie Eisblumen aus. Die Leintücher in der Pustkuchenschen Villa, damals in Heidelberg, hatten dieselben Eisblumen gehabt; damals in Heidelberg, als die Liebe zu einem Mädchen namens Odile Erdmann geherrscht hatte. Jetzt wartete sie auf Herrn Schirges und wurde vom Licht auf Eisblumen in einem Tischtuch geblendet. Silberbesteck klapperte und blitzte. Silber war edler als Gold, weil es mit dem Mond verwandt war; sie mußte sich einmal ihr Horoskop stellen lassen, vielleicht kam dann heraus, daß ihre Geburtsstunde vom Mond beherrscht wurde.

Sie spürte ihr Haar im Nacken und sah auf ihre Fingernägel, die sie jetzt spitz zuschnitt, weil Schirges es so wollte. Er hatte es gern, wenn sie ihm mit den Nagelspitzen über Brust und Schenkel streifte; vielleicht wäre es ihm auch recht gewesen, wenn sie sie ihm in die Haut gedrückt hätte. Das waren also die verschiedenartigen Bedürfnisse der Menschen. Wäre sie einem begegnet, der kurze Nägel haben wollte, damit er ihre Fingerkuppen spürte, so hätte sie daran Freude gehabt. Aber so ... Nun, es war gleichgültig.

Da kam er in seinem Anzug aus glattem Stoff. Frische Hemdmanschetten schmiegten sich an seine Handgelenke. Und dieses ebenmäßige Gesicht, das ihr dann gegenübersaß und aussah, als wäre es nicht da, obwohl es schwarze Brauenstriche über dunklen Augen hatte, das war etwas Seltsames. – »Auf dem Theaterplatz habe ich parken müssen«, sagte dieses Gesicht. – »Was meinst du zur Annexion Österreichs?« sagte Margot. – »Das war vorauszusehen.« Schulterzucken, ein rascher Blick durchs Fenster und die Bemerkung: »Nachher fahren wir nach Starnberg.« – »Ich möchte dir einmal das anmerken, was man eine Gemütsbewegung heißt«, sagte Margot. – »Warum?« – »Nur weil ich solche Überflüssigkeiten lieb«, sagte sie. Er lächelte mit makellosen Zähnen.

Nach dem Essen gingen sie an den Arkaden vorbei. Eine Treppe führte mit vielen Stufen in die Tiefe, ein junger Mann ging hinunter, und unten winkte eine Frau mit magerem Arm aus einem Fenster: »Das ist doch für Frauen!« Der Mann drehte sich um und ging zurück. Er war rot im Gesicht und lächelte abwesend. Es war Arnold. Eine Sekunde lang sah sie ihn auf der tiefen Treppe einer Bedürfnisanstalt, während sie neben einem auffallend eleganten Mann vorbeiging, der zufällig ihr Freund war. Freilich, dieser Arnold war linkisch, und vielleicht brauchte sie doch einen sogenannten interessanten Mann mit diesem bestimmten stolzen Gang aus schmalen Hüften heraus. Sie lächelte und sah aufs Pflaster. – »Ich geh nicht mit dir am steinernen Geßlerhut vorbei«, sagte sie zu Schirges und fügte hinzu, damit meine sie die Marmorplatte mit den beiden schwarzen Wächtern im Helm, vor der man die Hand heben müsse. – »Ach so … Nun, die Bonzen sagen auch: ich meide die Tuchfühlung mit den Kameraden. Das dort drüben«, er zeigte auf die schwarzen Wächter, »ist auch nichts anderes.«

Jetzt hätte das Kind aus der Wirtschaft vorbeilaufen und rufen müssen: Fang mich doch – da bin ich doch; es hätte gut gepaßt. – »Du schlüpfst einem durch die Finger wie ein Fisch«, sagte Margot. Er überhörte es. Dann stiegen sie in seinen niederen roten Wagen ein und rutschten brummend aus der Stadt hinaus.

Beide trugen Sonnenbrillen. In den Lederpolstern saßen sie tief unten. Als die Stadt hinter ihnen lag, setzte sich Margot aufs zurückgeklappte Verdeck und ließ die Beine auf den Sitz hinunterhängen. Jetzt spürte sie den Wind und roch die Felder, von denen Mistgeruch herwehte. Sonnenwarmer Mist roch fettig, und das Gebirg ummauerte die glasige Weite. Denke nicht an den, der bei dir ist, sieh das Gebirg an, dachte sie. Es nützte nichts, sich immer wieder das Gehirn zu zerreiben und die ständig im Kopf plappernde Leier anzuhören: eine verquere Geschichte … aber ich bin allein und weiß nicht, was anfangen … es lohnt sich nichts, weil doch bald Krieg kommt … solche Burschen wie der Schirges machen ja bloß Krieg. Und dann bist du auch eine Frau, die braucht nicht unbedingt ein tüchtiges Geschöpf zu sein; sie wartet bloß auf einen Mann … Schirges legte den Wagen in die Kurve, Margot mußte sich festhalten und dachte: er ist ein nicht geheurer Bursche … Der Wald hatte grüne Gewebe in schwarzstarrendem Zweiggestrüpp.

Sie hielten am See bei einer Gartenwirtschaft mit moosgrün belegten Tischen und wackeligen, halb vermorschten Bänken. Hierher passe ich doch nicht, ich bin zu verdorben für diese Gartenwirtschaft, dachte Margot. Sicher sah es widerwärtig aus, zwei Stadtgeschöpfe wie sie und Schirges hier an diesen alten Tischen. Das Wirtshaus hatte einen behäbig breiten Giebel. Und jetzt kam eine alte Frau heraus, die die Hände unterm Schurz zusammengelegt hatte, und fragte, was sie haben wollten. – »Solch eine wär ich gern«, sagte Margot. – »Dann hättest du fünf Kinder und röchest nach Küche, Schweiß und Stall.« – »Aber das ist doch ein interessantes Leben …« sagte Margot und sah ihn an. Er wollte lachen, fingerte aber dann an seinem silbernen Feuerzeug herum, zuckte mit den Schultern und sagte: »Nun … das ist eine Antwort … ganz im Sinne unseres Führers. Die Bevölkerungspolitik … das Bauerntum als Urquell nationaler Kraft … Und so weiter, und so weiter.«

Wieder hörte sie in Gedanken das Mädchen aus dem Alten König rufen: Fang mich doch – da bin ich doch … dann merkte sie, daß ihre Stirn naßkalt war. Sie wischte den Schweiß mit dem Taschentuch weg, es wurde ihr schwindlig, und das Wirtshaus schwankte vor ihr; aber dann stand das Gebirg wieder unverrückt über dem See. Schwindlig ist's dir geworden, weiter nichts als schwindlig. Schwanger bist du nicht, das weißt du sicher.

Liebesfrühling

Grün ist der Jasminenstrauch
Abends eingeschlafen.
Als ihn mit des Morgens Hauch
Sonnenlichter trafen,

Ist er schneeweiß aufgewacht:
»Wie geschah mir in der Nacht?«
Seht, so geht es Bäumen,
Die im Frühling träumen!

Du meine Seele, du mein Herz,
Du meine Wonn, o du mein Schmerz,
Du meine Welt, in der ich lebe,
Mein Himmel du, darein ich schwebe,

O du mein Grab, in das hinab
Ich ewig meinen Kummer gab.
Du bist die Ruh, du bist der Frieden,
Du bist der Himmel mir beschieden.

Daß du mich liebst, macht mich mir wert,
Dein Blick hat mich vor mir verklärt,
Du hebst mich liebend über mich,
Mein guter Geist, mein bessres Ich!

Märztag

Wolkenschatten fliehen über Felder,
Blau umdunstet stehen ferne Wälder.

Kraniche, die hoch die Luft durchpflügen,
Kommen schreiend an in Wanderzügen.

Lerchen steigen schon in lauten Schwärmen,
Überall ein erstes Frühlingslärmen.

Lustig flattern, Mädchen, deine Bänder,
Kurzes Glück träumt durch die weiten Länder.

Kurzes Glück schwamm mit den Wolkenmassen,
Wollt es halten, mußt es schwimmen lassen

April

Das ist die Drossel, die da schlägt,
Der Frühling, der mein Herz bewegt;
Ich fühle, die sich hold bezeigen,
Die Geister aus der Erde steigen.
Das Leben fließet wie ein Traum –
Mir ist wie Blume, Blatt und Baum.

ADALBERT STIFTER

Veilchen

25. April 1834

Heute ist weithin heiterer Himmel mit tiefem Blau, die Sonne scheint durch mein geöffnetes Fenster; das draußen schallende Leben dringt klarer herein, und ich höre das Rufen spielender Kinder. Gegen Süden stellen sich kleine Wolkenballen auf, die nur der Frühling so schön färben kann; die Metalldächer der Stadt glänzen und schillern, der Vorstadtturm wirft goldne Funken, und ein ferner Taubenflug läßt aus dem Blau zuzeiten weiße Schwenkungen vortauchen.

Wäre ich ein Vogel, ich sänge heute ohne Aufhören auf jedem Zweige, auf jedem Zaunpfahle, auf jeder Scholle, nur in keinem Käfig – und dennoch hat mich der Arzt in einen gesperrt und mir Bewegung untersagt; deshalb sitze ich nun da, dem Fenster gegenüber, und sehe in den Lenz hinaus, von dem ein Stück gütig zu mir hereinkommt. Auf dem Fenstergesimse stehen Töpfe mit Levkojenpflänzchen, die sich vergnüglich sonnen und ordentlich jede Sekunde grüner werden; einige Zweige aus des Nachbars Garten ragen um die Ecke und zeigen mir, wie frohe Kinder, ihre kleinen, lichtgrünen, unschuldigen Blättchen.

Zwei alte Wünsche meines Herzens stehen auf. Ich möchte eine Wohnung von zwei großen Zimmern haben, mit wohlgebohnten Fußböden, auf denen kein Stäubchen liegt; sanftgrüne oder perlgraue Wände, daran neue Geräte, edel, massiv, antik einfach, scharfkantig und glänzend; seidne, graue Fenstervorhänge, wie mattgeschliffenes Glas, in kleine Falten gespannt und von seitwärts gegen die Mitte zu ziehen. In dem einen der Zimmer wären ungeheure Fenster, um Lichtmassen hereinzulassen und mit obigen Vorhängen für trauliche Nachmittagsdämmerung. Rings im Halbkreise stände eine Blumenwildnis, und mitten darin säße ich mit meiner Staffelei und versuchte endlich jene Farben zu erhaschen, die mir ewig im Gemüte schweben und nachts durch meine Träume dämmern – ach, jene Wunder, die in Wüsten prangen, über Ozeanen schweben und den Gottesdienst der Alpen feiern helfen. An den Wänden hinge ein oder der andere Ruysdael oder ein Claude, ein sanfter Guido und Kindergesichtchen von Murillo. In dieses Paphos und Eldorado ginge ich dann nie anders, als nur mit der unschuldigsten, glänzendsten Seele, um zu malen oder mir sonst dichterische Feste zu geben. Ständen noch etwa zwischen dunkelblättrigen Tropengewächsen ein paar weiße, ruhige Marmorbilder alter Zeit, dann wäre freilich des Vergnügens letztes Ziel und Ende erreicht.

Sommerabends, wenn ich für die Blumen die Fenster öffnete, daß ein Luftbad hereinströme, säße ich im zweiten Zimmer, das das gemeine Wohngehäuse mit Tisch und Bett und Schrank und Schreibtisch ist, nähme auf ein Stündchen Vater Goethe zuhanden oder schriebe oder ginge hin und wieder oder säße weit weg von der Abendlampe und schaute durch die geöffneten Türflügel nach Paphos, in dem bereits die Dämmerung anginge oder gar schon Mondenschein wäre, der im Gegensatze zu dem trübgelben Erze meines Lampenlichtes schöne weiße Lilientafeln draußen auf die Wände legte, durch das Gezweig spielte, über die Steinbilder glitte und Silbermosaik auf den Fußboden setzte. Dann stellte ich wohl den guten Refraktor von Fraunhofer, den ich auch hätte, auf, um in den Licht- und Nebelauen des Mondes eine halbe Stunde zu wandeln; dann suchte ich den Jupiter, die Vesta und andere, dann unersättlich den Sirius, die Milchstraße, die Nebelflecken; dann neue, nur mit dem Rohre sichtbare Nebelflecken, gleichsam durch tausend Himmel zurückgeworfene Milchstraßen. In der erhabenen Stimmung, die ich hätte, ginge ich dann gar nicht mehr, wie ich leider jetzt abends tun muß, in das Gasthaus, sondern …

Doch dies führt mich auf den zweiten Wunsch: nämlich außer obiger Wohnung von zwei Zimmern noch drei anstoßende zu haben, in denen die allerschönste, holdeste, liebevollste Gattin der Welt ihr

Paphos hätte, aus dem sie zuweilen hinter meinen Stuhl träte und sagte: diesen Berg, dieses Wasser, diese Augen hast du schön gemacht. Zu dieser Außerordentlichen ihres Geschlechts ginge ich nun an jenem Abende hinein, führte sie heraus vor den Fraunhofer, zeigte ihr die Welten des Himmels und ginge von einer zur andern, bis auch sie ergriffen würde von dem Schauder dieser Unendlichkeit – und dann fingen begeisterte Gespräche an, und wir schauten gegenseitig in unsere Herzen, die auch ein Abgrund sind, wie der Himmel, aber auch einer voll lauter Licht und Liebe, nur einige Nebelflecke abgerechnet; – oder wir gingen dann zu ihrem Pianoforte hin, zündeten kein Licht an (denn der Mond gießt breite Ströme desselben bei den Fenstern herein), und sie spielte herrliche Mozart, die sie auswendig weiß, oder ein Lied von Schubert oder schwärmte in eigenen Phantasien herum – ich ginge auf und ab oder öffnete die Glastüren, die auf den Balkon führen, träte hinaus, ließe mir die Töne nachrauschen und sähe über das unendliche Funkengewimmel auf allen Blättern und Wipfeln unseres Gartens, oder wenn mein Haus an einem See stände – – – –

Aber, siehst Du, so bin ich – da wachsen die zwei Wünsche, daß sie mir am Ende kein König mehr verwirklichen könnte. Freilich wäre alles das sehr himmlisch, selbst wenn vorderhand nur die zwei Zimmer da wären, auch mit etwas geringern Bildern;

denn die Herrliche, die ich mir einbilde, wäre ja ohnedies nicht für mich leidenschaftlichen Menschen, der ich sie vielleicht täglich verletzte, wenn mich nicht etwa die Liebe zu einem völligen sanften Engel umwandelte. Indessen aber stehe ich noch hier und habe Mitleid mit meiner Behausung, die nur eine allereinzige Stube ist mit zwei Fenstern, durch die ich auf den Frühling hinausschaue, zu dem ich nicht einmal hinaus darf, und an Wipfeln und Gärten ist auch nichts Hinreichendes, außer den paar Zweigen des Nachbars, sondern die Höhe der Stube über andern Wohnungen läßt mich wohl ein sattsames Stück Himmel erblicken, aber auch Rauchfänge genug und mehrere Dächer und ein paar Vorstadttürme. Die südlichen Wolken stellten sich indessen zu artigen Partien zusammen und gewinnen immer liebere und wärmere Farben. Ich will, da ich schon nicht hinaus darf, einige abzustehlen suchen, und auf der Leinwand aufzubewahren. -- Ich schrieb das Obenstehende heute morgens und malte fast den ganzen Tag Luftstudien. Abends begegnete mir ein artiger Vorfall. Auch moralischen und sogar zufälligen Erscheinungen gehen manchmal ihre Morgenröten vorher. Schon seit vielen Wochen ist mir die Bekanntschaft eines jungen Künstlers versprochen worden. Heute wurde er als Krankenbesuch von zwei Freunden gebracht, und siehe da! es war derselbe junge, schöne Mann, den ich vor zwei Tagen auf dem Spaziergange, der mir mein jetziges Halsweh zuzog, gefunden hatte. Ich erkannte ihn augenblicklich und war fast verlegen; er gab kein Zeichen, daß er auf den Spaziergänger geachtet habe, der so dreist sein Gesicht und Studienbuch geschaut hat. Der Besuch war ein sehr angenehmer, und die Bitte um Wiederholung wurde zugesagt. Sein Name ist Lothar Disson, und sein vorzugsweises Fach die Landschaft; doch soll er auch sehr glücklich porträtieren.

Frühlingsglaube

Die linden Lüfte sind erwacht,
Sie säuseln und weben Tag und Nacht,
Sie schaffen an allen Enden.
O frischer Duft, o neuer Klang!
Nun, armes Herze, sei nicht bang!
Nun muß sich alles, alles wenden.

Die Welt wird schöner mit jedem Tag,
Man weiß nicht, was noch werden mag,
Das Blühen will nicht enden.
Es blüht das fernste, tiefste Tal:
Nun, armes Herz, vergiß der Qual!
Nun muß sich alles, alles wenden!

Drei Blicke von meinen Augen entfernt,
drei Vogel-Laute zu hoch dem Gehör,
ist wirksam dein Himmelschlüsselgesicht
voll übermächtiger Zärte,
o gottbefohlene du, o mir verschlüsselte Liebe.

Drei Wechselschritte mein Kerker lang,
drei Wechselschritte mein Kerker breit,
drei Flüge zu hoch meinen Lungenflügeln
und oben dein ewiger Märzenbecher,
o gottbereitete du, o mir entzogene Liebe.

Drei Kummerorte im Elendsleib,
drei Hungertulpen an jedem Ort
und alle Erde dein Wandelbaum
und alle Wasser dein Wechseltrunk,
o heilandermächtigte du, o mir verzauberte Liebe.

Cognac im Frühling

Ich bin im braunen Cognac-See ertrunken.
Sechs Monde schwimmt mein Leichnam wie ein Fisch,
Mit weißem Bauch noch unverwest und frisch,
Ein Freund der bittren Angostura-Unken.

Ich ward geländet, bin ins Grab gesunken,
Im Wurzelreich ein trunkner Frühlingsgast,
mein Hügel grünt im Schatten der Spelunken,
Aus meinem Herzen wächst der Seidelbast.

Du roter Strom Burgunds, aus allen Poren
Sprießt mir der wilde Rebstock ohne Rast,
Das Senfkorn keimt versteckt in meinen Ohren,
Aus meinem Herzen wächst der Seidelbast.

Der Augen Blau ist längst zu Anemonen,
Der Haare Schwarz zu Büffelgras verblaßt,
In meinem Magen mag der Maulwurf wohnen,
Aus meinem Herzen wächst der Seidelbast.

Tief aus der Erde schallt betrunknes Lallen
Der Würmer, die in meinem Leib gepraßt,
All meine Knochen sind zu Staub zerfallen,
Aus meinem Herzen wächst der Seidelbast.

Frühling

Wir wollen wie der Mondenschein
Die stille Frühlingsnacht durchwachen,
Wir wollen wie zwei Kinder sein.
Du hüllst mich in dein Leben ein
Und lehrst mich so wie du zu lachen.

Ich sehnte mich nach Mutterlieb
Und Vaterwort und Frühlingsspielen,
Den Fluch, der mich durchs Leben trieb,
Begann ich, da er bei mir blieb,
Wie einen treuen Feind zu lieben.

Nun blühn die Bäume seidenfein
Und Liebe duftet von den Zweigen.
Du mußt mir Mutter und Vater sein
Und Frühlingsspiel und Schätzelein
Und ganz mein eigen.

Der Kirschbaum

Der Kirschbaum blüht, ich sitze da im Stillen,
Die Blüte sinkt und mag die Lippen füllen,
Auch sinkt der Mond schon in der Erde Schoß
Und schien so munter, schien so rot und groß;
Die Sterne blinken, zweifelhaft im Blauen
Und leidens nicht, sie weiter anzuschauen.

Frühling, ja du bists

Vorfrühling

Härte schwand. Auf einmal legt sich Schonung
an der Wiesen aufgedecktes Grau.
Kleine Wasser ändern die Betonung.
Zärtlichkeiten, ungenau,

greifen nach der Erde aus dem Raum.
Wege gehen weit ins Land und zeigens.
Unvermutet siehst du seines Steigens
Ausdruck in dem leeren Raum.

Knabe Frühling

Ein grüner Zweig überm Strohhutrand,
Die Wangen rosig und sonnverbrannt,
Im Auge lachende Kinderlust,
Und doch ein Träumen, halb unbewußt,
Voll Himmelsschlüssel die kleine Hand
Und Weidenkätzchen vom Bachesrand,
Und sonndurchflimmert das blonde Haar –
Ob das wohl eben der Frühling war?

Der Frühling

Die Sonne glänzt, es blühen die Gefilde,
Die Tage kommen blütenreich und milde,
Der Abend blüht hinzu, und helle Tage gehen
Vom Himmel abwärts, wo die Tag entstehen.

Das Jahr erscheint mit seinen Zeiten
Wie eine Pracht, wo sich Feste verbreiten,
Der Menschen Tätigkeit beginnt mit neuem Ziele,
So sind die Zeichen in der Welt, der Wunder viele.

Mit Untertänigkeit

d. 24. April 1839 Scardanelli.

Frühling läßt sein blaues Band
Wieder flattern durch die Lüfte;
Süße, wohlbekannte Düfte
Streifen ahnungsvoll das Land.
Veilchen träumen schon,
Wollen balde kommen.
– Horch, von fern ein leiser Harfenton!
Frühling, ja du bists!
Dich hab ich vernommen!

Die Kinder haben die Veilchen gepflückt,
All, all, die da blühten am Mühlengraben.
Der Lenz ist da; sie wollen ihn fest
In ihren kleinen Fäusten haben.

Verzauberter April

Als Mrs. Wilkins am nächsten Morgen aufwachte, blieb sie einige Minuten lang im Bett liegen, bevor sie aufstand und die Fensterläden öffnete. Was würde sie von ihrem Fenster aus sehen? Eine strahlende Welt oder eine verregnete Welt? Aber schön würde sie sein, wie immer sie auch aussehen mochte.

Sie fand sich in einem kleinen Schlafzimmer mit weißgetünchten Wänden, einem Steinboden und einigen wenigen alten Möbeln. Die Betten – es gab zwei – waren aus Eisen, schwarz emailliert und bemalt mit bunten Blumensträußchen. Sie blieb liegen, um den großen Augenblick, wenn sie ans Fenster ging, hinauszuzögern, so wie man das Öffnen eines lieben Briefes und seine Freude daran hinauszögert. Sie hatte keine Ahnung, wieviel Uhr es war; sie hatte vergessen, sie aufzuziehen, seit sie zuletzt, Jahrhunderte war das her, in Hampstead schlafen gegangen war. Man hörte keinen Laut im Haus, und so vermutete sie, es müsse noch früh sein, dennoch hatte sie das Gefühl, als hätte sie ewig geschlafen – so ausgeruht, so rundum zufrieden war sie. Sie lag da, die Arme um den Kopf verschränkt, und dachte, wie glücklich sie war, und ihre Lippen waren in seligem

Lächeln hochgezogen. Allein im Bett zu sein: welch Wonnezustand. Sie war seit fünf Jahren nicht einmal ohne Mellersh im Bett gewesen; ah, diese kühle Geräumigkeit; die Bewegungsfreiheit; das Gefühl der Sorglosigkeit, der Keckheit, wenn man an den Dekken zog, weil man es wollte, oder sich die Kissen zurechtstupste, um es noch behaglicher zu haben! Es war, als entdecke man eine Freude völlig neu.

Mrs. Wilkins sehnte sich zwar danach, aufzustehen und die Läden zu öffnen, aber sie fühlte sich dort, wo sie war, einfach pudelwohl. Sie seufzte vor Behagen und blieb weiter liegen, schaute um sich, registrierte alles in ihrem Zimmer, ihrem eigenen kleinen Zimmer, ihrem ureigenen Zimmer, in dem sie sich ganz nach Gusto während dieses einen glücklichen Monats einrichten konnte, ihr Zimmer, das sie sich von ihrem Ersparten erworben hatte, die Frucht ihrer geheimen Entbehrungen, ihr Zimmer, dessen Tür sie abschließen konnte, wenn sie es wollte, und wo niemand das Recht hatte hereinzukommen. Es war ein so seltsames kleines Zimmer, ganz anders als alle, die sie kannte, und so angenehm. Es war wie eine Zelle. Die beiden Betten ausgenommen, beschwor es eine glückliche Askese. ›Und der Name des Gemachs‹, zitierte sie in Gedanken, lächelnd das Zimmer betrachtend, ›war Friede.‹

Ja, das war schon herrlich, dazuliegen und zu denken, wie glücklich sie war, aber draußen vor den Läden war es noch herrlicher. Sie sprang auf, zog sich die Pantoffeln an, denn es gab nichts auf dem Steinboden als einen kleinen Vorleger, lief zum Fenster und stieß die Läden auf.

»Oh!« rief Mrs. Wilkins aus.

All der strahlende Glanz Italiens im April lag ausgebreitet ihr zu Füßen. Die Sonne ergoß sich über sie. Das Meer schlummerte darin, fast unbewegt. Jenseits der Bucht ruhten auch die lieblichen Berge, reich an Farbnuancen, im Licht; und unterhalb ihres Fensters, am Fuße des blumenübersäten Grashügels, aus dem sich die Mauer des Castellos erhob, stand eine große Zypresse, die wie ein großes schwarzes Schwert durch die zarten Blau-, Violett- und Rosatöne der Berge und des Meeres schnitt.

Sie staunte. Solche Schönheit; und sie war da, um sie zu sehen. Solche Schönheit; und sie am Leben, um sie zu fühlen. Ihr Gesicht war in Licht gebadet. Köstliche Düfte stiegen zu ihrem Fenster hoch und umschmeichelten sie. Eine leichte Brise bewegte sanft ihr Haar. Weit draußen in der Bucht trieb eine Schar von Fischerbooten, fast ohne Bewegung, wie ein Schwarm weißer Vögel, auf dem ruhigen Meer. Wie schön, wie schön! Nicht zuvor gestorben zu sein …, das sehen zu dürfen, zu atmen, zu fühlen … Sie starrte mit offenem Mund. Glücklich? Welch dürftiges, gewöhnliches Alltagswort. Aber was konnte man denn sagen, wie ließe es sich beschreiben? Es war, als müßte sie zerspringen, als wäre sie zu klein, um soviel Freude in sich zu halten, als wäre sie von Licht durchdrungen. Und wie erstaunlich das war, diese reine Seligkeit zu fühlen, wo sie doch überhaupt nichts Selbstloses tat oder im Sinn hatte, vielmehr nur das tun würde, was sie wollte. Nach Meinung aller, die sie im Leben kennengelernt hatte, müßte sie zumindest Gewissensbisse haben. Nicht die Spur davon. Irgendwie stimmte da etwas nicht. Seltsam, daß sie zu Hause so gut gewesen war, so furchtbar gut, und bloß Qual empfunden hatte. Gewissensbisse jeder Art waren dort ihr Los gewesen; Schmerzen, Kränkungen, Entmutigungen, während sie die ganze Zeit unermüdlich selbstlos war. Jetzt hatte sie all ihr Gutsein abgelegt und in die Ecke geworfen wie einen Haufen durchnäßter Wäsche, und sie fühlte nur Freude. Sie hatte sich des Gutseins entledigt und genoß ihre Nacktheit. Sie war entblößt und frohlockte. Und dort, fern in der trüben Muffigkeit von Hampstead, erboste sich Mellersh.

Sie versuchte, sich Mellersh vorzustellen, versuchte, ihn beim Frühstück zu sehen und wie er verbittert an sie dachte; und sieh da, Mellersh selbst begann zu schimmern, wurde rosig, dann blaßviolett, dann zu einem hinreißenden Blau, verlor die Konturen, irisierte. Tatsächlich entschwand Mellersh, nachdem er noch einen Augenblick lang gezuckt hatte, im Licht.

›*Na so was*‹, dachte Mrs. Wilkins und starrte gleichsam hinter ihm her. Wie ungewöhnlich das war, sich Mellersh nicht vorstellen zu können; sie, die jeden Zug an ihm, jeden Gesichtsausdruck auswendig kannte. Es gelang ihr einfach nicht, ihn zu sehen, wie er war. Sie konnte ihn nur verklärt sehen, in Einklang mit allem. Die bekannten Worte der öffentlichen Danksagung kamen ihr spontan in den Sinn, und sie ertappte sich dabei, wie sie Gott pries, sie erschaffen und beschützt zu haben, ihn pries für alle Wohltaten dieses Lebens, vor allem aber für seine unschätzbare Liebe; und das geschah mit lauter Stimme; in einer plötzlichen Anwandlung von Dankbarkeit. Mellersh dieweil zog in diesem Augenblick verärgert seine Stiefel an, bevor er in die triefenden Straßen hinausging, und dachte Bitterböses von ihr.

Sie begann sich anzuziehen, wobei sie sich zu Ehren des Frühsommertages für leichte weiße Sachen entschloß, packte ihr Gepäck aus und brachte ihr schnuckeliges Zimmer in Ordnung. Sie ging mit schnellen, entschiedenen Schritten umher, ihr langer dünner Körper war gestreckt, ihr kleines Gesicht, das zu Hause vor lauter Anstrengung und Angst so zerknittert aussah, glättete sich. Alles, was sie vor diesem Morgen gewesen war und getan hatte, alles, was sie gefühlt und ihr Kummer gemacht hatte, war verschwunden. Mit jeder ihrer Sorgen verhielt es sich wie mit Mellershs Bild, sie löste sich in Farbe und

Licht auf. Und sie bemerkte Dinge, die sie seit Jahren nicht bemerkt hatte – als sie ihr Haar vor dem Spiegel frisierte, nahm sie es bewußt wahr und dachte: ›Das ist aber hübsch.‹ Jahrelang hatte sie vergessen, daß sie so etwas wie Haar hatte, sie flocht es am Abend und löste es am Morgen mit derselben Eile und Gleichgültigkeit, mit der sie ihre Schuhe schnürte und aufschnürte. Jetzt auf einmal sah sie das Haar, und sie wickelte sich vor dem Spiegel einige Strähnen um die Finger und war froh, daß es so hübsch war. Mellersh konnte es auch nicht gesehen haben, denn er hatte nie ein Wort darüber verloren. Wenn sie aber wieder zu Hause wäre, würde sie ihn darauf aufmerksam machen. »Mellersh«, würde sie sagen, »guck dir mein Haar an. Gefällt es dir nicht, daß du eine Frau mit honiggoldenen Locken hast?«

Sie lachte. Sie hatte noch nie dergleichen zu Mellersh gesagt, und die Vorstellung amüsierte sie. Aber warum hatte sie es nicht getan? Nun ja – sie hatte immer Angst vor ihm gehabt. Komisch, vor irgend jemandem Angst zu haben; und besonders vorm eigenen Mann, den man doch auch in seinen schlichteren Momenten sah, wie beim Schlafen, wo er nicht, wie es sich gehörte, durch die Nase atmete.

Als sie fertig war, öffnete sie die Tür, um hinüberzugehen und zu sehen, ob Rose wach war, die am Abend zuvor von einem schläfrigen Mädchen in einer Zelle ihr gegenüber untergebracht worden war. Sie würde ihr guten Morgen wünschen und dann zur Zypresse hinunterlaufen und dort bleiben, bis das Frühstück fertig war, und nach dem Frühstück würde sie nicht ein einziges Mal aus dem Fenster schauen, bis sie Rose geholfen hatte, alles für Lady Caroline und Mrs. Fisher vorzubereiten. Es gab so viel zu tun an diesem Tag: sich häuslich niederzulassen, die Zimmer in Ordnung zu bringen; sie durfte Rose das nicht allein überlassen. Für die beiden Neuankömmlinge würden sie alles so heimelig machen, die von Blumen leuchtenden Zellen würden ihnen einen entzückenden Anblick bieten. Sie erinnerte sich, daß sie sich gewünscht hatte, Lady Caroline möge nicht herkommen; wie abstrus, jemanden aus dem Paradies ausschließen zu wollen, nur aus der Befürchtung, man wäre dann gehemmt! Als ob das was ausmachte, und als ob sie nicht so oder so befangen wäre. Außerdem, was für ein Grund. Zumindest konnte sie sich in dieser Angelegenheit nicht vorwerfen, gutherzig gewesen zu sein. Und sie erinnerte sich, sie wollte auch Mrs. Fisher nicht dabeihaben, weil sie ihr arrogant vorgekommen war. Wie seltsam war sie doch. Wie seltsam, sich über solch geringfügige Dinge Sorgen zu machen und ihnen somit Wichtigkeit beizumessen.

Die Schlafzimmer und zwei der Aufenthaltsräume in San Salvatore lagen im obersten Stockwerk und gingen auf eine weitläufige Halle mit einem großen

Glasfenster an der Nordseite. San Salvatore besaß viele kleine Gärten an den verschiedensten Stellen und auf verschiedenen Ebenen. Das Gärtchen, auf das dieses Fenster hinunterblickte, befand sich auf der höchsten Stelle des Festungswalls und konnte nur durch die entsprechende Halle auf dem Stockwerk darunter betreten werden. Als Mrs. Wilkins aus ihrem Zimmer kam, war das Fenster weit offen, und in der Sonne hinten stand ein Judasbaum in voller Blüte. Kein Mensch in der Nähe, kein Geräusch von Stimmen oder Schritten. Kübel mit Callas thronten auf dem Steinboden, und auf einem Tisch flammte ein Riesenstrauß wilder Kapuzinerkresse. Geräumig, blumenreich, still, mit dem großen Fenster am Ende, das sich zum Garten hin öffnete, und dem Judasbaum aberwitzig schön im Sonnenschein, schien das alles Mrs. Wilkins, die festgehalten wurde auf ihrem Weg zu Mrs. Arbuthnot, zu gut, um wahr zu sein. Würde sie wirklich einen ganzen Monat darin leben dürfen? Bis zu diesem Zeitpunkt hatte sie das Schöne, wie es sich ihr rein zufällig bot, portiönchenweise ergattern müssen – ein gänseblümchenübersätes Fleckchen auf einem Feld in Hampstead an einem herrlichen Tag, einen Streifen Sonnenuntergang zwischen zwei Schornsteinkappen. Sie war nie an wirklich vollkommen schönen Orten gewesen. Nicht einmal in einem ehrwürdig alten Haus, und so etwas wie Blumenfülle in ihrer Wohnung war unerschwinglich für sie. Manchmal hatte sie sich im Frühling sechs Tulpen bei Shoolbred's gekauft, da es ihr unmöglich war, ihnen zu widerstehen, und war sich bewußt, daß Mellersh, falls er erführe, wieviel sie gekostet hatten, dies unentschuldbar fände; aber sie waren bald verwelkt, und danach gab es keine mehr. Was den Judasbaum betraf, hatte sie keine Ahnung, was das eigentlich war, und sie betrachtete ihn, wie er sich da draußen gegen den Himmel abhob, mit der verzückten Miene einer, die eine himmlische Vision hat.

Mrs. Arbuthnot, die aus ihrem Zimmer kam, traf sie so an, mitten in der Halle stehend, den Blick starr.

›Was glaubt sie denn nun zu sehen?‹ dachte Mrs. Arbuthnot.

»Wir *sind* in Gottes Hand«, sagte Mrs. Wilkins, sich ihr zuwendend, im Brustton der Überzeugung.

»Oh!« sagte Mrs. Arbuthnot rasch, während sich ihre eben noch lächelnde Miene verfinsterte. »Wieso, was ist passiert?«

Mrs. Arbuthnot war nämlich mit einem wunderbaren Gefühl der Sorglosigkeit, der Erleichterung aufgewacht und wollte nun nicht entdecken, daß ihr Bedürfnis nach Geborgenheit doch nicht gestillt werden konnte. Sie hatte nicht einmal von Frederick geträumt. Zum ersten Mal seit Jahren war ihr der nächtliche Traum erspart geblieben, daß er bei ihr war und sie offen und ehrlich miteinander sprachen, und dann das traurige Erwachen. Sie hatte wie ein

Säugling geschlafen und war zuversichtlich aufgewacht; das einzige, was sie in ihrem Morgengebet sagen wollte, hatte sie festgestellt, war ›danke‹. So war es beunruhigend zu hören, daß sie doch in Gottes Hand war.

»Es ist hoffentlich nichts passiert?« fragte sie besorgt.

Mrs. Wilkins schaute sie einen Augenblick lang an und lachte. »Wie seltsam«, sagte sie und küßte sie.

»Was ist seltsam?« wollte Mrs. Arbuthnot wissen, und ihr Gesicht hellte sich auf, weil Mrs. Wilkins lachte.

»Wir. Dies hier. Alles. Es ist so wundervoll. Es ist so seltsam und so herrlich, daß wir mittendrin sind. Ich glaube, wenn wir dereinst in den Himmel kommen – über den wir soviel reden –, werden wir ihn keinen Deut schöner finden.«

Mrs. Arbuthnots Gesichtszüge entspannten sich wieder bis hin zu einem sorglosen Lächeln. »Ist es nicht göttlich?« sagte sie.

»Warst du je, je in deinem Leben so glücklich?« fragte Mrs. Wilkins und packte sie am Arm.

»Nein«, sagte Mrs. Arbuthnot. Und sie war es auch nicht gewesen; niemals; nicht einmal in der ersten Liebeszeit mit Frederick. Denn immer war in jenem anderen Glück der Schmerz nahe gewesen, bereit, sie mit Zweifeln zu quälen, sie sogar mit dem Übermaß ihrer Liebe zu quälen; wohingegen dies hier das einfache Glück des völligen Einklangs mit ihrer Umgebung war, das Glück, das nichts verlangt, das sich darauf beschränkt, nur zu empfangen, zu atmen, zu sein.

»Schauen wir uns den Baum aus der Nähe an«, sagte Mrs. Wilkins. »Ich kann's nicht glauben, daß es nur ein Baum ist.«

Und Arm in Arm gingen sie durch die Halle, und ihre Männer hätten sie nicht wiedererkannt, ihre Gesichter waren so jung in ihrem Eifer, und zusammen standen sie am offenen Fenster, und als ihre Augen, nachdem sie sich an dem wunderbaren purpurnen Ding gesättigt hatten, weiter zwischen den Schönheiten des Gartens umherschweiften, sahen sie auf der niedrigen Mauer am östlichen Rand sitzend, über die Bucht blickend, die Füße in den Lilien wippend, Lady Caroline.

Sie waren erstaunt. Und vor lauter Erstaunen sagten sie nichts, sondern standen ganz still, Arm in Arm, und starrten von oben auf sie hinunter.

Auch sie hatte ein weißes Kleid an, und ihr Kopf war unbedeckt. Sie hatten sich an jenem Tag in London, als ihr Hut fast bis zur Nase reichte und ihre Pelze bis über die Ohren, keine Vorstellung gemacht, wie hübsch sie war. Sie hatten einfach geglaubt, sie sei halt anders als die Frauen im Club, und das hatten die selbst auch gedacht, ebenso die Kellnerinnen, die sie von der Seite her immer wieder beäugten, wenn sie die Ecke passierten, wo sie plaudernd dasaß; aber sie hatten keine Vorstellung gehabt, daß sie so hübsch war. Außerordentlich hübsch. Alles an ihr war, was es war, im Superlativ. Ihr blondes Haar war sehr blond, ihre lieblichen grauen Augen waren sehr lieblich und sehr grau, ihre dunklen Wimpern sehr dunkel, ihre weiße Haut sehr weiß, ihr roter Mund sehr rot. Sie war ungewöhnlich schlank – ganz mädchenhaft, auch wenn es da nicht an den kleinen Rundungen unter ihrem leichten Kleid fehlte, wo kleine Rundungen sein sollten. Sie blickte sinnend über die Bucht und hob sich klar gegen den Hintergrund des Blaus ab. Sie saß direkt in der Sonne. Ihre Füße baumelten zwischen den Blättern und Blüten der Lilien, als mache es nichts aus, wenn diese geknickt oder zerdrückt würden.

»Der Kopf muß ihr doch brummen«, flüsterte Mrs. Arbuthnot schließlich, »wie sie da in der Sonne sitzt.«

»Einen Hut müßte sie tragen«, flüsterte Mrs. Wilkins.

»Sie zerdrückt die Lilien.«

»Aber das sind genauso ihre Lilien wie unsere.«

»Nur ein Viertel.«

Lady Caroline wandte den Kopf. Sie schaute einen Augenblick hoch zu ihnen, überrascht, daß sie soviel jünger aussahen als damals im Club und weit weniger reizlos. Ja, sie waren eigentlich sogar reizvoll, wenn eine in falscher Aufmachung je wirklich reizvoll sein konnte. Noch bevor sie ihnen winkend zulächelte und guten Morgen wünschte, hatte ihr Blick, in Windeseile über die beiden gleitend, jeden Zentimeter an ihnen wahrgenommen. Es gab nichts an ihrer Kleidung, wie sie sofort bemerkte, was für sie von Interesse hätte sein können. Das dachte sie nicht bewußt, sie stand nämlich schönen Kleidern und der Sklaverei, die sie einem auferlegen, sehr ablehnend gegenüber, ihrer Erfahrung nach bekamen sie in dem Augenblick, wo man sie hatte, Gewalt über einen und ließen einem keine Ruhe, bis sie überall gezeigt worden waren und jeder sie gesehen hatte. Man führte nicht die Kleider auf den Gesellschaften vor; nein, sie waren es, die einen vorführten. Es war ein großer Irrtum zu glauben, daß eine Frau, eine ausgesprochen gut angezogene Frau, ihre Kleidung abnutzte; vielmehr war es die Kleidung, die eine Frau abnutzte – indem sie sie zu jeder Tages- und Nachtzeit hierhin und dorthin schleppte. Kein Wunder, daß die Männer länger jung blieben. Eine neue Hose allein konnte die nicht in Aufregung versetzen. Sie konnte sich nicht vorstellen, daß eine Männerhose, selbst die schickste, sich je so benahm, sich dermaßen ins Zeug legte. Ihre Bilder waren konfus, aber sie dachte, was ihr so in den Sinn kam, und gebrauchte die Bilder, die sie nun mal mochte. Als sie von der Mauer aufstand und zum Fenster ging, war es ihr eine Beruhigung zu wissen, daß sie einen ganzen Monat mit Leuten verbringen würde, deren Kleidung, wie sie sich vage erinnerte, vor fünf Sommern aktuell gewesen war.

»Ich bin gestern morgen angekommen«, sagte sie, zu ihnen hochblickend, und lächelte. Sie war einfach bezaubernd. Sie hatte alles, selbst ein Grübchen.

»Das ist jammerschade«, sagte Mrs. Arbuthnot und lächelte zurück, »wir wollten Ihnen nämlich das schönste Zimmer aussuchen.«

»Oh, das habe ich schon getan«, sagte Lady Caroline. »Zumindest glaube ich, daß es das schönste ist. Es hat Ausblick nach zwei Seiten – ich liebe Zimmer mit zwei Ausblicken, Sie nicht? Zum Meer hin nach Westen und über diesen Judasbaum nach Norden.«

»Und wir wollten es für Sie mit Blumen schmükken«, sagte Mrs. Wilkins.

»Oh, das hat Domenico schon gemacht. Gleich, als ich ankam, habe ich ihn darum gebeten. Er ist der Gärtner. Er ist wunderbar.«

»Es ist natürlich keine schlechte Sache«, sagte Mrs. Arbuthnot ein wenig zögernd, »unabhängig zu sein und genau zu wissen, was man will.«

»Ja, das erspart einem manche Schwierigkeit«, meinte Lady Caroline zustimmend.

»Aber so unabhängig sollte man nicht sein«, sagte Mrs. Wilkins, »daß man anderen keine Möglichkeit mehr läßt, Großmut zu zeigen.«

Lady Caroline, die Mrs. Arbuthnot angeblickt hatte, blickte nun Mrs. Wilkins an. Damals in dem merkwürdigen Club hatte sie bloß einen verschwommenen Eindruck von Mrs. Wilkins bekommen, denn die andere hatte allein geredet, und ihr Eindruck war der einer so verschüchterten und unbeholfenen Person gewesen, daß es das beste schien, ihr keine Aufmerksamkeit zu schenken. Sie vermochte nicht einmal ganz normal auf Wiedersehn zu sagen, ohne dabei Qualen auszustehen, rot zu werden und ins Schwitzen zu geraten. Und darum blickte sie die Sprecherin einigermaßen verwundert an; und ihre Verwunderung wuchs noch, als Mrs. Wilkins sie offen und geradezu bewundernd anschaute und im Brustton der Überzeugung, die geäußert sein will, hinzufügte: »Mir war nicht klar, daß Sie *so* hübsch sind.«

Sie starrte Mrs. Wilkins an. Gewöhnlich sagte man ihr dies nicht so frank und frei. Obwohl sie von Komplimenten verwöhnt war – wie sollte sie es nicht sein nach geschlagenen achtundzwanzig Jahren –, verwunderte sie die Offenheit, mit der es geschah, und das von einer Frau.

»Sehr freundlich von Ihnen, daß Sie das denken«, sagte sie.

»Aber Sie *sind* wunderschön«, sagte Mrs. Wilkins. »Wirklich, ganz wunderschön.«

»Hoffentlich«, sagte Mrs. Arbuthnot in liebenswürdigem Ton, »machen Sie das Beste daraus.«

Lady Caroline starrte darauf Mrs. Arbuthnot an. »Oh, ja«, sagte sie. »Ich mache das Beste daraus. Tue ich, seit ich denken kann.«

»Weil es nämlich«, sagte Mrs. Arbuthnot lächelnd und hob warnend den Zeigefinger, »nicht ewig währt.«

Lady Caroline mußte nun befürchten, diese zwei Damen seien exzentrisch. Wenn das stimmte, würde sie sich langweilen. Nichts langweilte sie so sehr wie Leute, die darauf bestanden, exzentrisch zu sein, sich wie Kletten an sie hängten und sie dumm herumstehen ließen. Und die eine, die Bewundererin – es würde lästig werden, wenn die ihr ständig auf den Fersen blieb, um sie anzuschauen. Sie wünschte sich von diesen Ferien ein Wegkommen von allem Bisherigen, sie wünschte sich Erholung durch völligen Kontrast. Bewundert und beharrlich verfolgt zu werden war kein Kontrast, es war das Ewiggleiche; und sich mit zwei Exzentrikerinnen zusammengesperrt zu finden oben auf einem steilen Hügel in einem mittelalterlichen Castello, das ausdrücklich zum Zweck erbaut worden war, ein leichtes Ein und Aus zu verhindern, würde, befürchtete sie, nicht besonders erholsam sein. Vielleicht sollte sie lieber weniger entgegenkommend sein. Sie waren ihr als solch ängstliche Geschöpfe erschienen, selbst die Dunkle – sie konnte sich nicht an ihre Namen erinnern –, damals im Club, daß sie es für ungefährlich gehalten hatte, betont freundlich zu sein. Nun waren sie hier bereits aus ihren Schalen geschlüpft; mit einem Mal. Und nichts von Ängstlichkeit bei ihnen festzustellen. Wenn sie denn beim allerersten Kontakt so rasch aus ihren Schalen geschlüpft waren, würden sie sich ihr, wenn nicht im Zaum gehalten, bald aufdrängen, und dann hieße es Abschied nehmen vom Traum ihrer dreißig stillen erholsamen Tage, wo sie ungestört in der Sonne lag, ihren inneren Frieden fand und nicht angequatscht, hofiert und total in Beschlag genommen wurde, sondern sich einfach von der Mattigkeit erholte, der tiefen, düsteren Mattigkeit des Zuviels.

Außerdem gab es noch Mrs. Fisher. Auch sie mußte im Zaum gehalten werden. Lady Caroline war aus zwei Gründen zwei Tage früher als abgemacht aufgebrochen: Erstens wollte sie vor den anderen ankommen, um sich das Zimmer oder die Zimmer auszusuchen, die ihr am meisten zusagten, und zweitens hielt sie es für wahrscheinlich, daß sie sonst mit Mrs. Fisher hätte reisen müssen. Sie wollte nicht mit Mrs. Fisher reisen. Ebensowenig mit Mrs. Fisher ankommen. Sie sah überhaupt keinen Grund, warum sie auch nur einen Augenblick lang etwas mit Mrs. Fisher zu tun haben sollte.

Unglücklicherweise war aber Mrs. Fisher ebenfalls von dem Verlangen erfüllt, als erste in San Salvatore anzukommen und sich das Zimmer oder die Zimmer auszusuchen, die ihr am meisten zusagten, und sie und Lady Caroline waren schließlich doch zusammen gereist. Bereits in Calais begannen sie es zu vermuten; in Paris zu befürchten; in Modane wurde es Gewißheit; in Mezzago versuchten sie es zu verbergen, indem sie in zwei separaten Droschken nach Castagneto fuhren, wobei die Nase der einen während der Fahrt fast den Nacken der anderen berührte. Aber als der Weg plötzlich vor der Kirche und den Stufen endete, war weiteres Ausweichen unmöglich; und angesichts dieses jähen und schwierigen Finales ihrer Reise blieb ihnen nichts anderes übrig, als sich zusammenzutun.

Wegen Mrs. Fishers Stock mußte sich Lady Caroline um alles kümmern. Im Planen sei sie zwar rege, erklärte Mrs. Fisher aus ihrer Droschke, nachdem ihr die Situation klargeworden war, aber leider verhindere ihr Stock die Ausführung. Die beiden Kutscher sagten Lady Caroline, Jungen aus dem Dorf müßten das Gepäck zum Castello hinauftragen, und sie machte sich auf die Suche nach ihnen, während Mrs. Fisher wegen ihres Stockes in der Droschke wartete. Mrs. Fisher konnte Italienisch, aber nur, wie sie erläuterte, Dantes Italienisch, das Matthew Arnold mit ihr zu lesen pflegte, als sie ein kleines Mädchen war, und sie glaubte, das gehe wohl über die Köpfe der Jungen. Und darum war Lady Caroline, sie konnte sehr gut das ganz normale Italienisch, offensichtlich diejenige, die alles erledigen mußte.

»Ich bin in Ihren Händen«, sagte Mrs. Fisher, die ruhig in ihrer Droschke saß. »Bitte sehen Sie in mir nur eine alte Frau mit Stock.«

Und wenig später, als es die Stufen und das Kopfsteinpflaster zu der Piazza hinunter und den Kai entlangging, dann den Zickzackweg hoch, sah Lady Caroline sich gezwungen, so langsam mit Mrs. Fisher zu wandeln, als wäre es ihre eigene Großmutter.

»Tja, mein Stock«, bemerkte Mrs. Fisher hin und wieder selbstzufrieden.

Und als sie sich an einer Biegung des Zickzackweges, wo Plätze waren, ausruhten, und Lady Caroline, die gern weitergelaufen wäre, um schnell ganz nach oben zu gelangen, aus Menschlichkeit genötigt war, wegen des Stockes bei Mrs. Fisher zu bleiben, erzählte ihr Mrs. Fisher, wie sie einmal mit Tennyson auf einem Zickzackweg spaziert war.

»Ist sein ›Heimchen am Herd‹ nicht wunderbar?« fragte Lady Caroline geistesabwesend.

»*Der* Tennyson«, sagte Mrs. Fisher, wandte ihr den Kopf zu und beobachtete sie einen Augenblick lang über ihre Brille.

»Nicht?« sagte Lady Caroline.

»Ich spreche von Alfred«, sagte Mrs. Fisher.

»Oh«, sagte Lady Caroline.

»Und es war auch ein Weg«, fuhr Mrs. Fisher unnachsichtig fort, »seltsamerweise wie der hier. Kein Eukalyptus natürlich, ansonsten aber seltsamerweise wie der hier. Und an einer Biegung wandte er sich mir zu und sagte – ich sehe genau, wie er sich mir zuwendet und sagt …«

Ja, Mrs. Fisher mußte im Zaum gehalten werden. Ebenso diese beiden am Fenster. Vielleicht besser, gleich damit anzufangen.

Sie bedauerte es, daß sie ihre Mauer verlassen hatte. Sie hätte ihnen bloß zuwinken und warten sollen, bis sie zu ihr in den Garten hinuntergekommen wären.

Und so ignorierte sie Mrs. Arbuthnots Bemerkung und den erhobenen Zeigefinger und sagte betont kühl – zumindest versuchte sie, es kühl klingen zu lassen –, vermutlich gingen sie jetzt frühstücken, was sie schon getan habe; aber ihr Los war es, daß ihre Worte, wie kühl sie auch beabsichtigt waren, immer warm und liebenswürdig klangen. Sie hatte nämlich eine einnehmende und bezaubernde Stimme, was einzig und allein auf eine spezielle Formation der Kehle und des Gaumens zurückzuführen war und überhaupt nichts mit dem zu tun hatte, was sie gerade fühlte. Folglich glaubte nie jemand, er werde barsch angefahren. Es war richtig lästig. Und wenn sie einen eisigen Blick wagte, wirkte er überhaupt nicht eisig, denn ihre Augen, liebliche Augen, um es gleich zu sagen, hatten als zusätzlichen Liebreiz lange, sanfte, dunkle Wimpern. Kein eisiger Blick konnte aus Augen wie diesen dringen; er wurde aufgefangen in den sanften Wimpern, und die Angestarrten dachten nur, daß man sie mit einer schmeichelhaften und erlesenen Aufmerksamkeit betrachtete. Und war sie je schlecht gelaunt oder richtig verärgert – und wer ist das nicht manchmal in dieser Welt? –, sah sie nur so traurig aus, daß jedermann auf sie zueilte, um sie zu trösten, wenn möglich mit einem Kuß. Es war mehr als lästig, es war zum Verrücktwerden. Die Natur hatte entschieden, ihr Aussehen und ihre Stimme sollten engelhaft sein. Sie konnte nie unliebsam oder grob sein, ohne völlig mißverstanden zu werden.

»Ich habe auf meinem Zimmer gefrühstückt«, sagte sie und tat ihr möglichstes, um schroff zu klingen. »Vielleicht sehe ich Sie später.«

Sie nickte ihnen zu und ging zurück zu ihrem Platz auf der Mauer, wo die Lilien sich so angenehm kühl um ihre Füße schmiegten.

Aufbruch

Über Nacht, vom ersten warmen Winde
Kühn gemacht,
Hat der März das Tal geschwinde
Grün gemacht.

Wärmt der Wald sich, mager und gestruppig
Erst das Fell,
Bald des Kirschbaums Knospen, üppig
Bersten hell.

Süßer Regen weint den weh gefrornen
Garten auf.
Blüten, die im Schnee verlornen,
Warten drauf.

Hinter das vom Winter ausgebleichte
Grau der Welt
Ist nun schon das frühlingsleichte
Blau gestellt.

Morgen kommt die Sonne: Furcht und Hoffen
Stöhnt vom Schlag –
Von des Lichtes Blitz getroffen;
Tönt der Tag!

Vorfrühling

In dieser Märznacht trat ich spät aus meinem Haus.
Die Straßen waren aufgewühlt von Lenzgeruch und grünem Saatregen.
Winde schlugen an. Durch die verstörte Häusersenkung ging ich weit hinaus
Bis zu dem unbedeckten Wall und spürte: meinem Herzen schwoll ein neuer Takt entgegen.

In jedem Lufthauch war ein junges Werden ausgespannt.
Ich lauschte, wie die starken Wirbel mir im Blute rollten.
Schon dehnte sich bereitet Acker. In den Horizonten eingebrannt
War schon die Bläue hoher Morgenstunden, die ins Weite führen sollten.

Die Schleusen knirschten. Abenteuer brach aus allen Fernen.
Überm Kanal, den junge Ausfahrtswinde wellten, wuchsen helle Bahnen,
In deren Licht ich trieb. Schicksal stand wartend in umwehten Sternen.

In meinem Herzen lag ein Stürmen wie von aufgerollten Fahnen.

Aprilregen

Gewölk und Sonne spieln herein
Und flimmern rot im Regenschein.
Es schwingt der nasse Haselast
Windblütig seine goldne Last.

Er fliegt im Föhn, ganz vogelstill.
Die grünen Fenster wäscht April
Und wischt vom Wintersims den Staub
Mit Birkenbesen, Lappen Laub.

Torquato Tasso

Prinzessin.
Mein Bruder ist gefällig daß er uns
In diesen Tagen schon auf's Land gebracht,
Wir können unser seyn und stundenlang
Uns in die goldne Zeit der Dichter träumen.
Ich liebe Belriguardo, denn ich habe
Hier manchen Tag der Jugend froh durchlebt,
Und dieses neue Grün und diese Sonne
Bringt das Gefühl mir jener Zeit zurück.

Leonore.
Ja es umgibt uns eine neue Welt!
Der Schatten dieser immer grünen Bäume
Wird schon erfreulich. Schon erquickt uns wieder
Das Rauschen dieser Brunnen, schwankend wiegen
Im Morgenwinde sich die jungen Zweige.
Die Blumen von den Beeten schauen uns
Mit ihren Kinderaugen freundlich an.
Der Gärtner deckt getrost das Winterhaus
Schon der Citronen und Orangen ab,
Der blaue Himmel ruhet über uns
Und an dem Horizonte lös't der Schnee
Der fernen Berge sich in leisen Duft.

Prinzessin.
Es wäre mir der Frühling sehr willkommen [...]

ADALBERT STIFTER

Die Mappe meines Urgroßvaters

Der schönste Frühling kam, alles drängte, blühte und schauerte von Fülle. Alle Hügel waren grün, die Felder wogten; auch die neuen, die man erst heuer an dem Mitterwege hinauf, wohin die Fenster des Hauses des Obrists recht schön werden schauen können, angelegt hatte, wallten in der schönen blaugrauen Farbe des Kornes. Die schöne Fichte an meinem Sommerbänkchen war bedeckt mit den kleinen gelben, wohlriechenden Blütenzäpfchen; alles Laubholz schwankte in den neuen, lichteren, grüneren Kronen; selbst die ferneren Nadelwälder standen nicht so schwarz da, sondern gewannen durch die neuen Ansätze, die sie im Beginne der wärmeren Jahreszeit treiben, das sanftere Dämmern und das weichere Ferngrün, in dem sie im Frühlinge stehen; und wenn man in ihnen ging, so war überall ein frisches Harzduften, und sie rührten sich gleichsam in allen Zweigen und Ästen von dem Schreien und Singen und Lärmen der Vögel. Wir hatten unsere jungen Rappen herausgetan und übten sie schon teilweise im Fahren, aber nur sehr wenig, daß sie nur lernten, daß sie sich zusammengewöhnten, sich im Sommer und Winter über einübten und im künftigen Jahre abwechselnd gebraucht werden konnten. Der leichte Wagen, den ich für sie bestellt hatte und in dem ich alle die Fächer und Einrichtungen, wie ich sie brauche, selber angegeben hatte, sollte noch im Anfange des Sommers fertig werden, und es war in der Wagenlaube schon der Platz bestimmt, auf dem er stehen sollte. Wir hatten viele Leute, die im Hause arbeiteten, daß es in der Vollendung weiterschreite; alles regte sich, wenn ich nach Hause kam und zusah. Und wenn dann das Abendbrot vorüber war und sich alle entfernten, schaute ich oft wie schön, wie freudig und wie schmerzlich in die helle rote Glut der Abendwolken, wie sie hinter dem schwarzgezackten Rande des entfernten Waldes hinauszogen, ehe ich dann ein Licht anzündete, die Vorhänge herabtat und auf dem Papiere anzeigte, was ich heute erfahren habe und was ich morgen unternehmen sollte.

Frühlingsahnung

O sanfter, süßer Hauch!
Schon weckest du wieder
Mir Frühlingslieder,
Bald blühen die Veilchen auch.

Osterwasser

Am Palmsonntage

Der Morgentau will steigen!
Sind denn die Palmen grün?
Auf, lasst mit hellen Zweigen
Uns ihm entgegenziehen!
Er will in unser Haus,
In unsre Kammern kommen;
Schon ziehen rings die Frommen
Mit Lobgesang heraus.

(...)

Was soll ich Dir bereiten,
Du wunderlicher Gast?
Ich möchte Dich verleiten
Zu langer Liebesrast.
Wohlan, ich schmücke Dich,
Will Dich mit Blumen binden;
Du sollst Dich nicht entwinden,
Das weiß ich sicherlich.

(...)

Den Boden will ich streuen
Mit Palmen ganz und gar,
Mein Leiden Dir zu weihen:
Was ich in diesem Jahr
Oft still, oft schwerer trug,
Es liegt zu deinen Füßen,
Es soll mich nicht verdrießen,
Dein Will ist mir genug!

Was soll ich mich doch finden
In deine Liebesmacht,
Dass Du an meine Sünden
So gar nicht hast gedacht!
Ich lasse nicht von Dir,
Musst Du gleich wieder scheiden:
Ich fühl es wohl in Freuden,
Du kömmst noch oft zu mir.

Karwoche

O Woche, Zeugin heiliger Beschwerde!
Du stimmst so ernst zu dieser Frühlingswonne,
Du breitest im verjüngten Strahl der Sonne
Des Kreuzes Schatten auf die lichte Erde,

Und senkest schweigend deine Flöre nieder;
Der Frühling darf indessen immer keimen,
Das Veilchen duftet unter Blütenbäumen
Und alle Vöglein singen Jubellieder.

O schweigt, ihr Vöglein auf den grünen Auen!
Es hallen rings die dumpfen Glockenklänge,
Die Engel singen leise Grabgesänge;
O still, ihr Vöglein hoch im Himmelblauen!

Ihr Veilchen, kränzt heut keine Lockenhaare!
Euch pflückt mein frommes Kind zum dunkeln
Strauße,
Ihr wandert mit zum Muttergotteshause,
Da sollt ihr welken auf des Herrn Altare.

Ach dort, von Trauermelodieen trunken,
Und süß betäubt von schweren Weihrauchdüften,
Sucht sie den Bräutigam in Todesgrüften,
Und Lieb' und Frühling, alles ist versunken!

Blüte

Wer kann es noch erschauen,
das Wort tritt in das Herz zurück,
und härter jeden Augenblick
erdürstet noch im Tauen,

aus knospenroter Quelle,
was gestern noch wie Tropfen war,
ein ernstes Opfer blutig gar,
wird aschenweiße Helle,

aus grundverborgner Kühle,
was heute erst zu Kelchen glomm,
ein milchig trüb und klarer Strom,
schwillt mahlfein aus der Mühle.

Es harren alle Blätter,
gefügt in ihren festen Satz,
und schilden um sich ihren Platz,
so reinen Lichtes Retter,

daß Finsternisse stocken
und fallen nieder übermannt;
mit Schatten willig weggewandt,
kehrt in sich, den zu locken,

spielt unter jedem Zweige
unsichtbar eine dunkle Last,
drängt fortgedrungen ihre Rast,
schwer hängend in die Neige,

kehrt tief und immer tiefer
der Wille augenstarr gereckt,
bis glutheiß sich der Sinn besteckt,
gewappnet und als rief er:

»Nichts mehr von dieser Speise,
mein Blut und stete Gegenwart,
in Milde so unsäglich hart
und in Verhärtung leise

geschildet und gedungen,
der leichten Zunge schweres Spiel,
vom Rand zur Neige starres Ziel,
ein Kelch ins Herz gedrungen,

muß heute oder keinen,
ja jeden so beschiednen Tag,
so oft das Herz noch schlagen mag,
sich trennen und vereinen.«

Kirschblüte bei der Nacht

Ich sahe mit betrachtendem Gemüte
Jüngst einen Kirschbaum, welcher blühte,
In kühler Nacht beim Mondenschein;
Ich glaubt', es könne nichts von größrer Weiße sein.

Es schien, ob wär ein Schnee gefallen.
Ein jeder, auch der kleinste Ast
Trug gleichsam eine rechte Last
Von zierlich-weißen runden Ballen.
Es ist kein Schwan so weiß, da nämlich jedes Blatt,
Indem daselbst des Mondes sanftes Licht
Selbst durch die zarten Blätter bricht,
Sogar den Schatten weiß und sonder Schwärze hat.
Unmöglich, dacht ich, kann auf Erden
Was Weißers aufgefunden werden.

Indem ich nun bald hin, bald her
Im Schatten dieses Baumes gehe,
Sah ich von ungefähr
Durch alle Blumen in die Höhe
Und ward noch einen weißern Schein,
Der tausendmal so weiß, der tausendmal so klar,
Fast halb darob erstaunt, gewahr.

Der Blüte Schnee schien schwarz zu sein
Bei diesem weißen Glanz. Es fiel mir ins Gesicht
Von einem hellen Stern ein weißes Licht,
Das mir recht in die Seele strahlte.

Wie sehr ich mich an Gott im Irdischen ergetze,
Dacht ich, hat Er dennoch weit größre Schätze.
Die größte Schönheit dieser Erden
Kann mit der himmlischen doch nicht verglichen
werden.

Ahnung und Gegenwart

Damals ging ich oft heimlich und ganz allein nach dem Gebirge, das mir Rudolph an jenem letzten Abend gezeigt hatte, und hoffte in meinem kindischen Sinne zuversichtlich, ihn dort noch wiederzufinden. Wie oft überfiel mich dort ein Grausen vor den Bergen, wenn ich mich manchmal droben verspätet hatte und nur noch die Schläge einsamer Holzhauer durch die dunkelgrünen Bogen heraufschallten, während tief unten schon hin und her Lichter in den Dörfern erschienen, aus denen die Hunde fern bellten. Auf einem dieser Streifzüge verfehlte ich beim Heruntersteigen den rechten Weg und konnte ihn durchaus nicht wiederfinden. Es war schon dunkel geworden und meine Angst nahm mit jeder Minute zu. Da erblickte ich seitwärts ein Licht; ich ging darauf los und kam an ein kleines Häuschen. Ich guckte furchtsam durch das erleuchtete Fenster hinein und sah darin in einer freundlichen Stube eine ganze Familie friedlich um ein lustig flackerndes Herdfeuer gelagert. Der Vater, wie es schien, hatte ein Büchelchen in der Hand und las vor. Mehrere sehr hübsche Kinder saßen im Kreise um ihn herum und hörten, die Köpfchen in beide Arme aufgestützt, mit der größten Aufmerksamkeit zu, während eine junge Frau daneben spann und von Zeit zu Zeit Holz an das Feuer legte. Der Anblick machte mir wieder Mut, ich trat in die Stube hinein. Die Leute waren sehr erstaunt, mich bei ihnen zu sehen, denn sie kannten mich wohl, und ein junger Bursche wurde sogleich fortgesandt, sich anzukleiden, um mich auf das Schloß zurückzugeleiten. Der Vater setzte unterdes, da ich ihn darum bat, seine Vorlesung wieder fort. Die Geschichte wollte mich bald sehr anmutig bedünken. Mein Begleiter stand schon lange fertig an der Tür. Aber ich vertiefte mich immer mehr in die Wunder; ich wagte kaum zu atmen und hörte zu und immer zu und wäre die ganze Nacht geblieben, wenn mich nicht der Mann endlich erinnert hätte, daß meine Eltern in Angst kommen würden, wenn ich nicht bald nach Hause ginge. Es war der gehörnte Siegfried, den er las.

Rosa lachte. – Friedrich fuhr, etwas gestört, fort:

Ich konnte diese ganze Nacht nicht schlafen, ich dachte immerfort an die schöne Geschichte. Ich besuchte nun das kleine Häuschen fast täglich und der gute Mann gab mir von den ersehnten Büchern mit nach Hause, so viel ich nur wollte. Es war gerade in den ersten Frühlingstagen. Da saß ich denn einsam im Garten und las die Magelone, Genoveva, die Heymonskinder und vieles andere unermüdet der Reihe nach durch. Am liebsten wählte ich dazu meinen

Sitz in dem Wipfel eines hohen Birnbaumes, der am Abhange des Gartens stand, von wo ich dann über das Blütenmeer der niedern Bäume weit ins Land schauen konnte, oder an schwülen Nachmittagen die dunklen Wetterwolken über den Rand des Waldes langsam auf mich zukommen sah.

Rosa lachte wieder. Friedrich schwieg eine Weile unwillig still. Denn die Erinnerungen aus der Kindheit sind desto empfindlicher und verschämter, je tiefer und unverständlicher sie werden, und fürchten sich vor großgewordenen, altklugen Menschen, die sich in ihr wunderbares Spielzeug nicht mehr zu finden wissen.

Dann erzählte er weiter:

Ich weiß nicht, ob der Frühling mit seinen Zauberlichtern in diese Geschichten hineinspielte oder ob sie den Lenz mit ihren rührenden Wunderscheinen überglänzten – aber Blumen, Wald und Wiesen erschienen mir damals anders und schöner. Es war, als hätten mir diese Bücher die goldenen Schlüssel zu den Wunderschätzen und der verborgenen Pracht der Natur gegeben. Mir war noch nie so fromm und fröhlich zumute gewesen. Selbst die ungeschickten Holzstiche dabei waren mir lieb, ja überaus wert. Ich erinnere mich noch jetzt mit Vergnügen, wie ich mich in das Bild, wo der Ritter Peter von seinen Eltern zieht, vertiefen konnte, wie ich mir den einen Berg im Hintergrunde mit Burgen, Wäldern, Städten und Morgenglanz ausschmückte, und in das Meer dahinter, aus wenigen groben Strichen bestehend und die Wolken drüber mit ganzer Seele hineinsegelte. Ja, ich glaube wahrhaftig, wenn einmal bei Gedichten Bilder sein sollen, so sind solche die besten. Jene feineren, sauberen Kupferstiche mit ihren modernen Gesichtern und ihrer bis zum kleinsten Strauche ausgeführten und festbegrenzten Umgebung verderben und beengen alle Einbildung, anstatt daß die Holzstiche mit ihren verworrenen Strichen und unkenntlichen Gesichtern der Phantasie, ohne die doch niemand lesen sollte, einen frischen, unendlichen Spielraum eröffnen, ja sie gleichsam herausfordern.

Alle diese Herrlichkeit dauerte nicht lange. Mein Hofmeister, ein aufgeklärter Mann, kam hinter meine heimlichen Studien und nahm mir die geliebten Bücher weg. Ich war untröstlich. Aber Gott sei Dank, das Wegnehmen kam zu spät. Meine Phantasie hatte auf den waldgrünen Bergen, unter den Wundern und Helden jener Geschichten gesunde, freie Luft genug eingesogen, um sich des Anfalls einer ganz nüchternen Welt zu erwehren. Ich bekam nun dafür Campes Kinderbibliothek. Da erfuhr ich denn, wie man Bohnen steckt, sich selber Regenschirme macht, wenn man etwa einmal wie Robinson auf eine wüste Insel verschlagen werden sollte, nebstbei mehrere zuckergebackene edle Handlungen, einige Elternliebe und kindliche Liebe in Scharaden. Mitten aus dieser pädagogischen Fabrik schlugen mir einige kleine Lieder von Matthias Claudius rührend und lockend ans Herz. Sie sahen mich in meiner prosaischen Niedergeschlagenheit mit schlichten, ernsten, treuen Augen an, als wollten sie freundlich tröstend sagen: »Lasset die Kleinen zu mir kommen!« Diese Blumen machten mir den farb- und geruchlosen, zur Menschheitssaat umgepflügen Boden, in welchen sie seltsam genug verpflanzt waren, einigermaßen heimatlich. Ich entsinne mich, daß ich in dieser Zeit verschiedene Plätze im Garten hatte, welche Hamburg, Braunschweig und Wandsbeck vorstellten. Da eilte ich denn von einem zum andern und brachte dem guten Claudius, mit dem ich mich besonders gerne und lange unterhielt, immer viele Grüße mit. Es war damals mein größter innigster Wunsch, ihn einmal in meinem Leben zu sehen.

Bald aber machte eine neue Epoche, die entscheidende für mein ganzes Leben, dieser Spielerei ein Ende. Mein Hofmeister fing nämlich an, mir alle Sonntage aus der Leidensgeschichte Jesu vorzulesen. Ich hörte sehr aufmerksam zu. Bald wurde mir das periodische, immer wieder abgebrochene Vorlesen zu langweilig. Ich nahm das Buch und las es für mich ganz aus. Ich kann es nicht mit Worten beschreiben, was ich dabei empfand. Ich weinte aus Herzensgrunde, daß ich schluchzte. Mein ganzes Wesen war davon erfüllt und durchdrungen, und ich begriff nicht, wie mein Hofmeister und alle Leute im Hause, die doch das alles schon lange wußten, nicht ebenso gerührt waren und auf ihre alte Weise so ruhig fortleben konnten.

Hier brach Friedrich plötzlich ab, denn er bemerkte, daß Rosa fest eingeschlafen war. Eine schmerzliche Unlust flog ihn bei diesem Anblicke an. Was tu' ich hier, sagte er zu sich selber, als alles so still um ihn geworden war, sind das meine Entschlüsse, meine großen Hoffnungen und Erwartungen, von denen meine Seele so voll war, als ich ausreiste? Was zerschlage ich den besten Teil meines Lebens in unnütze Abenteuer ohne allen Zweck, ohne alle rechte Tätigkeit? Dieser Leontin, Faber und Rosa, sie werden mir doch ewig fremd bleiben. Auch zwischen diesen Menschen reisen meine eigentlichsten Gedanken und Empfindungen hindurch, wie ein Deutscher durch Frankreich. Sind dir denn die Flügel gebrochen, guter mutiger Geist, der in die Welt hinausschaute, wie in sein angebornes Reich? Das Auge hat in sich Raum genug für eine ganze Welt, und nun sollte es eine kleine Mädchenhand bedecken und zudrücken können? – Der Eindruck, den Rosas Leben während seiner Erzählung auf ihn gemacht hatte, war noch nicht vergangen. Sie schlummerte rückwärts auf ihren Arm gelehnt, ihr Busen, in den sich die dunklen Locken herabringelten, ging im Schlafe ruhig auf und nieder. So ruhte sie neben ihm in unbeschreiblicher Schönheit. Ihm fiel dabei ein Lied ein. Er stand auf und sang zur Gitarre:

Ich hab' manch Lied geschrieben,
Die Seele war voll Lust,
Von treuem Tun und Lieben,
Das Beste, was ich wußt'.

Was mir das Herz bewogen,
Das sagte treu mein Mund,
Und das ist nicht erlogen,
Was kommt aus Herzensgrund.

Liebchen wußt's nicht zu deuten
Und lacht mir ins Gesicht,
Dreht sich zu andern Leuten
Und achtet's weiter nicht.

Und spielt mit manchem Tropfe,
Weil ich so tief betrübt,
Mir ist so dumm im Kopfe,
Als wär' ich nicht verliebt.

Ach Gott, wem soll ich trauen?
Will sie mich nicht verstehn,
Tun all' so fremde schauen,
Und alles muß vergehn.

Frühlingsschrei eines Knechtes aus der Tiefe

Meister, ohne dein Erbarmen
Muß im Abgrund ich verzagen,
Willst du nicht mit starken Armen
Wieder mich zum Lichte tragen.

Jährlich greifet deine Güte,
In die Erde, in die Herzen,
Jährlich weckest du die Blüte,
Weckst in mir die alten Schmerzen.

Einmal nur zum Licht geboren,
Aber tausendmal gestorben,
Bin ich ohne dich verloren,
Ohne dich in mir verdorben.

Wenn sich so die Erde reget,
Wenn die Luft so sonnig wehet,
Dann wird auch die Flut beweget,
Die in Todesbanden stehet.

Und in meinem Herzen schauert
Ein betrübter bittrer Bronnen,
Wenn der Frühling draußen lauert,
Kömmt die Angstflut angeronnen.

Weh! durch gift'ge Erdenlagen,
Wie die Zeit sie angeschwemmet,
Habe ich den Schacht geschlagen,
Und er ist nur schwach verdämmet.

Wenn nun rings die Quellen schwellen,
Wenn der Grund gebärend ringet,
Brechen her die gift'gen Wellen,
Die kein Fluch, kein Witz mir zwinget.

Andern ruf' ich, schwimme, schwimme,
Mir kann solcher Ruf nicht taugen,
Denn in mir ja steigt die grimme
Sündflut, bricht aus meinen Augen.

Und dann scheinen bös Gezüchte
Mir die bunten Lämmer alle,
Die ich grüßte, süße Früchte,
Die mir reiften, bittre Galle.

Herr, erbarme du dich meiner,
Daß mein Herz neu blühend werde,
Mein erbarmte sich noch keiner
Von den Frühlingen der Erde.

Meister, wenn dir alle Hände
Nahn mit süßerfüllten Schalen,
Kann ich mit der bittern Spende
Meine Schuld dir nimmer zahlen.

Ach, wie ich auch tiefer wühle,
Wie ich schöpfe, wie ich weine,
Nimmer ich den Schwall erspüle
Zum Kristallgrund fest und reine.

Immer stürzen mir die Wände,
Jede Schicht hat mich belogen,
Und die arbeitblut'gen Hände
Brennen in den bittern Wogen.

Weh! der Raum wird immer enger,
Wilder, wüster stets die Wogen,
Herr, o Herr! ich treib's nicht länger,
Schlage deinen Regenbogen.

Herr, ich mahne dich, verschone,
Herr! ich hört' in jungen Tagen,
Wunderbare Rettung wohne
Ach, in deinem Blute, sagen.

Und so muß ich zu dir schreien,
Schreien aus der bittern Tiefe,
Könntest du auch nicht verzeihen,
Daß dein Knecht so kühnlich riefe!

Daß des Lichtes Quelle wieder
Rein und heilig in mir flute,
Träufle einen Tropfen nieder,
Jesus, mir, von deinem Blute!

Die Einzelpappel

Karfreitag abend. Gelbes Dunkel. Stiemen.
Der Wind stürzt hin, springt auf in wüstem Irren.
Die Grenzen, Wege ziehn wie Peitschenstriemen.
Darüber stehn wie eiternde Geschwüre
Die Wolken.

Drin klafft, wie wenn es ewig bluten werde,
Ein wunder Spalt von roter Fieberfarbe,
Und einen schwarzen Finger reckt die Erde,
Der zitternd wühlt und umrührt in der Narbe.
Hilf mir, ich lasse Dich nicht!

Fern heult es weh wie hohes Hundejammern.
Ein lila Dunkel wirbelt aus den Schollen.
Der Laut haust in der Erde Herzenskammern,
Darin die Wurzeln frieren und die Knollen.
Hilf mir! Hilf mir!

Schon Nacht. Nichts mehr als Sturm. Narr ich! Ich darbe
Nach Licht, nur ich! Ich bin der Schrei; Licht, werde!
Ich bin der Finger in der Feuernarbe
Und gebe meine Qual der ganzen Erde;
Hilf mir!

Osterwasser

Im Frühjahr nach dem Krieg sah Cresspahls Tochter in dem mannshohen Spiegel neben der Küchentür eine dürre langbeinige Gestalt vorbeistaken. Da fiel ihr das Osterwasser ein.

Sie ging in den Spiegel hinein, bis sie den Rahmen mit beiden Händen halten konnte, und näherte ihren besorgten Blick dem Sattel Sommersprossen, der auf ihrer Nase den Winter überstanden hatte. Sie suchte mit dem einen Auge im andern zu lesen, ob man mit dreizehn Jahren zu erwachsen war für Osterwasser. Ihr Kopf rutschte schräg, bis sie mit langer Zungenspitze deren Bild hinter dem Glas anstoßen konnte so behutsam wie die Katze, die ihr eben durch den Sinn schlich.

Mitten im Sprung durchs Fenster kam ihr Zweifel. Osterwasser mußte man holen am ersten Feiertag vor Sonnenaufgang, aus einer Quelle, und sprechen durfte man kein Sterbenswort, sonst verlor es die Wirkung. Die Wirkung versprach Schönheit für die Haut, die damit gewaschen war.

Eine Quelle bei Jerichow wußte sie aber nicht. Die schwächlichen Grabenflüsse kamen alle tief aus Mecklenburg. Sie zog ein Bein hoch und überlegte mit den Zehen, ob auch gehendes Wasser zu Ostern kräftig wurde. Zu ihrer Freundin Inge mochte sie deswegen nicht gehen, nachdem sie neulich von Inges Großmutter ein Marmeladenbrot angenommen hatte und beide ihr beim Essen so aufmerksam zusahen. Wenn Gesine still saß wie jetzt auf dem Fensterbrett, und die Gedanken blieben stehen und hielten die baumelnden Beine an, fühlte sie sich leer in der Mitte. Sie schluckte eben, als sie Schritte hinterm Haus kommen hörte. Sie sprang hinaus. Ihr Vater hielt mehr von Türen.

Aber wer heutzutage in Cresspahls Haus durch die Türen ging, konnte nicht in Ruhe überlegen, ob vielleicht die Ostsee auch eine Quelle war. Vor den Türen mußte heutzutage angeklopft werden, weil hinter ihnen die Flüchtlinge kochten, wuschen, halbnackt waren, schliefen, und noch beim Durchqueren der Küche mußte die Tochter des Hauses ein Wort abgeben, damit die Vertriebenen sich nicht angefeindet fühlten. Sie mochte auch nicht angeredet werden oder fremde Hände auf dem Kopf, außer von Jakobs Mutter, die das Mädchen aber nicht anrührte. Die Tochter des Hauses lief aufwärts durch den toten Garten hinter den Trockenschuppen der Ziegelei und kletterte nach oben auf die Stufen der halb abgetragenen Mauer. Über den Spitzen des Holunders sah sie den blassen Jungwuchs der Wiesen mit Altgras verfilzt. Hinter den Koppelzäunen wischte die Luft das kahle

Bruch in eins. Fingerschmal standen im Westen die Schloßwälder, durch die Gräben gingen mit dem Wasser von den Seen.

Am Sonnabend vor dem Fest war Jakob von den Bauern zurückgekommen und packte in der Küche aus der schwarzledernen Kastentasche langsam auf den Kacheltisch. Sie kam mit dem Holzkorb herein, warf ihn an den Herd und wartete gebückt halb umgewandten Kopfes, weil er sechs Jahre älter war und erwachsen. Er sagte na und du. Sie packte ihre Beine auf den Schemel und schaukelte in den Knien, stützte sich zum Tisch hinüber. Er hatte ein abgezogenes, ausgenommenes Kaninchen mitgebracht, einen Klumpen Butter, einen ungleichmäßigen Kristall roten Viehzuckers, Eier. Ein Ei rollte abseits zu ihrer Tischecke, fing sich in ihrer rasch aufgestellten Hand, die es zurückschickte. Jakob drehte es mit dem Finger wieder in Bewegung zu ihr und sagte: Mit Zucker, kennst du das? Gesine setzte das Ei auf die Spitze, ließ es stehen, polkte mit fünf Fingern am oberen Schalenende und fragte Jakob, wie sie zu Hause Osterwasser geholt hätten.

Jakob saß krumm da. Er war zwei Stunden zu Fuß gegangen. Er hatte Staub im Gesicht. Er war so alt, daß er für seine Mutter das Essen verdienen konnte und für ein fremdes Mädchen noch ein Ei. Mit Zukker hatte sie noch nie eins gegessen. Sie schloß die Augen, legte den Kopf zurück und ließ sich das Ei in den Hals laufen, während Jakob erzählte, daß das Osterwasser in Pommern aus einer Quelle oder fließendem Wasser geholt worden war. Man mußte es trinken oder sich damit gewaschen haben, bevor der Osten heller war. Man durfte kein Wort sprechen, und es hatte für Gesundheit und Schönheit gegolten. – Soll ich dich wecken? fragte er.

Sie hatte im vorigen Jahr verschlafen, schwenkte aber leicht den Kopf, der an dem schmutzfleckigen Ei sog, und sah aus spaltoffenen Augen zu ihm hin. Er hatte den Blick gar nicht gewandt. – Sprich ja nicht: sagte er. Er sah etwas neben ihren Augen. Dann kam die Lehrerin aus Westpreußen in die Küche und fragte nach Cresspahl, während sie öfter zu dem blutstreifigen Kaninchenkörper und zu den Eiern hinblickte. Gesine mochte nicht zusehen wie er der Frau nichts abgab und ging mit dem leeren Korb zurück zum Holzplatz.

In der schwarzen Nacht lag sie wach und zählte die Stundenschläge aus ihres Vaters Zimmer. Vom offenen Fenster kam es kalt. Einmal fuhr sie auf, weil die Katze am Fußende des Bettes heftig den Kopf gehoben hatte. Das einjährige Russenkind der Lehrerin weinte im Schlaf, und die Wände redeten unruhig. Nach Mitternacht fing der Wind an und rüttelte die Fensterhakenaugen in den Zapfen. Eine Dachpfanne klirrte kurz an der Wand des Ziegeleischuppens herunter. In Pommern war Osterwasser auch für Gesundheit. Wenn der Hunger wehtat, hörte er auf gesund zu sein. Hoffentlich machte Jakobs Mutter die Eier nicht zum Verstecken, sondern briet sie richtig in der Pfanne, die so heiß und fettig war, daß der Rand die Schalen schnitt wie ein Messer. Als sie aufwachte, war es draußen grau.

Sie tat alles auf Zehenspitzen, weil Cresspahl ihr verboten hatte, in einem Kleid aus dem Haus zu gehen. Sie nahm das grünsamtene, mit dem ihre Tante Papenbrock vor vierzig Jahren zum Konfirmandenunterricht gegangen war. Aus den Holzpantoffeln stieg sie leise wieder aus. Vor dem Spiegel griff sie sich mit beiden Händen die Haare hoch und versuchte, am Gesicht entlang sich in den Nacken zu blicken. Das ins Sandgraue verschossene Kleid hing in breiten Falten zu einer Glocke an ihr herunter, der Kragen flappte lumpig, und mit dem schwer verschatteten Gesicht auf dem mageren Hals kam sie sich fremd vor wie ein Gespenst. Schnell ließ sie das Haar fallen, behielt die Hände oben und gab sich mit beiden abgespreizten Daumen das Zeichen: Nicht sprechen. Keine Angst.

Als sie unbemerkt zwischen Koppelzaun und Ziegelei auf den Feldweg gekommen war, fing sie an zu laufen mit dem bauchigen Eimer in der Hand. Neben der Karrenspur hatten die Kühe sich einen Steig getrampelt, der war so breit wie ihr Fuß lang, und sie konnte laufen wie die Kühe, ein Bein vor das andere schwingen und die Füße setzen. Die Pfadränder waren noch nicht abgetreten, das dickbetaute Gras wischte ihr die Beine naß bis unter die Knie.

Nicht lange, und ihr Arm wurde den Eimer müde, fiel und schlug ihr die scharfe Standkante ans Bein. Sie hielt fast augenblicklich an und sah sich um. Sie war kaum vorangekommen. Die Stadt ließ sich noch nicht in einem Blick umfassen, Cresspahls Haus stand deutlich, von der Villa dahinter kam Fensterlicht. Am Ziegeleischuppen bewegte sich etwas Langes, das lebte, kroch auf den Koppelweg vor, glitt weg. Sehr langsam wandte sie den Kopf wieder nach vorn. Das fahle Licht schien immer stärker, nahm den Wiesen, den Weiden, den fernen Wäldern, dem Himmel, ihren Füßen im Gras, allem die Farbe. Osten war hinter ihr.

Die Sonne lief ihr nach, sie mußte schneller sein. Eine Zeit lang war es lustig, den Eimer im vollen Lauf von einem Arm zum andern zu schwingen. Nur über die Koppelschleeke kam sie langsam, und erst beim letzten hatte sie begriffen, daß der Eimer zum Werfen war. Da war sie schon um das Bruch herum. Es gab einen Weg hindurch, aber im Bruch hatte sich eine alte Frau mit drei Kindern ertränkt, als die russischen Truppen für den nächsten Tag angesagt waren. Auch Neugeborene wurden dahin gebracht. Kurz, sie hätte da jemanden treffen können, und sie durfte noch nicht sprechen.

Nach einer Stunde war sie anderthalb Stunden von Jerichow entfernt und stand mit halbnassem Kleid, sandbespritzten Beinen vor dem Eingang zum Schloßwald. Sie ging auf Zehenspitzen hinein. Die Kiefern standen so starr. Die Kronen verdunkelten den stillen Raum zwischen den Stämmen. Der Fußweg lag voller Nadeln, rostgelb und grün, Zapfen, dünnem Astbruch, als sei da niemand gegangen. Die Schritte donnerten in ihren Ohren. Sie nahm den Eimer unter einen Arm und hielt mit der anderen Hand den Henkel fest, damit er nicht mehr klapperte.

Die Schneeschmelzen und Regen aller Jahre hatten tiefe Mulden in den Weg gewühlt, er ging auf und ab, Gebüsch wuchs ihn zu an den Seiten, und der Stern schien ihr wieder dunkel wie die Nacht. Der Stern war eine Kreuzung von drei Fahrwegen und zwei Fußwegen. Der Försterweg stieg so steil an, daß er auf den freien Himmel führte. Sie nahm den schrägen Steig zum Wehr, überhängende Äste schlugen zu, Büsche jagten sie. Später wußte sie nicht mehr, ob sie den Rauch eher gesehen oder eher gerochen hatte. Er war so plötzlich vor ihr, als sei sie in die Russen hineingelaufen. Hohe kantige Tarnzelte standen vor ihr, verstellt durch blattloses Unterholz. Atemlos steif setzte sie einen Fuß hinter den andern rückwärts. Die Wache saß über ihr auf dem Hochstand. Es war ein Soldat allein. Er legte den Karabiner quer, damit er sich vorbeugen konnte über das Mädchen mit dem riesigen Eimer, das sich jetzt langsam in den Hüften wegdrehte, das Biwak im Blick hielt, die nackten Füße mit den Zehen zuerst aufsetzte, Astzeug umtrat, endlich völlig umgewandt starrstand, Atem holte, lief. Der Soldat fingerte den Zigarettenstummel aus der hohlen Hand, führte ihn zum Mund, sog so schwer als seufzte er. Jetzt hätte man unter ihm durchgehen können, ohne daß die verkniffenen Augen unter den verkniffenen Brauen sich gerührt hätten.

Das brachte ihr den Umweg über die Försterei ein, der bog fast ganz um die Hügelkuppe, und im Tal des Gräfinnenwalds zwischen den Buchen erwischte sie einen Blaubeerensteig, der am dritten Graben aufhörte. Über die ersten beiden hatte sie springen können. Hier war noch der Abdruck des Rundholzes zu erkennen, das quergelegen hatte. Das Wasser roch faulig, stand still. Sie schleuderte den Eimer in die lichteste Stelle des Gesträuchs auf der anderen Seite, lief ein paar Schritte zurück und sprang. Ein Fuß sackte ihr sehr lange weg in den morastigen Grabenrand, und als sie sich hochgerobbt hatte, wäre sie am liebsten so liegen geblieben. Und sie hatte so viel Zeit verloren. Sie dachte ein Schimpfwort so herzlich, daß sie einen Augenblick lang fürchtete gesprochen zu haben.

Sie saß eben halb und hatte einen Arm zum Eimer

hingestreckt, als sie den Mann sah. Seine große hängende Hand zuckte. Die schweren Soldatenhosen standen dicht bei ihren Händen, an ihrer Schulter, über dem grasfleckigen Hemd sah sie harte Bartstoppeln einzeln. Das Gesicht war sanft, unbewegt, nicht einmal ihr zugeneigt. Krumm gebogene Finger strichen Haar aus der Stirn, kreideweiche Stimme sagte etwas.

Sie schüttelte nicht einmal den Kopf, wirbelte auf den Rücken, stand, ging rückwärts, die Lippen fest verschlossen. Als ihre Fersen den Grabenrand spürten, war sie versucht hinter sich zu sehen. Der Mann hatte seinen Stand nicht berührt, hielt sie mit den Augen fest, sein Mund hing verzogen.

Er stand im Weg. Die Wegmündung, sechs Schritt breiter Grasflecken, ließ ihr nicht Platz für einen Anlauf nach drüben. Das Erlenholz stand zu dicht und würde sie abprellen, wenn sie ausbrach. Sie trat einen halben Schritt seitwärts. Der Mann trat einen halben Schritt seitwärts.

Sie warf sich mit dem Rücken gegen seine Knie, als er ansetzte, aber im Fallen griff er sie, zog sie über sich, legte sich behaglich zurecht unter ihr und fing an, ihr an den Ohren entlang zu streichen, als spürte er ihre stoßenden Knie nicht. – Mädchen: sagte er, – Mädchen, wie ein Überraschter, staunend. Sie merkte Jakob schon auf der anderen Seite aus den Büschen treten, als sie den Kopf halb aus dem breithändigen Griff zwängen und zubeißen konnte. Sie kam nicht frei. Der Sprung drückte Jakob neben ihnen in die Knie, er federte hoch, stieß den Liegenden mit steifem Fuß gegen den Hals, riß sie hoch und warf sie mit einer Hand rücklings in die Erlen.

Vorgebeugt mit hängenden Armen sagte er etwas. Sie verstand nicht. Der andere lag, blickte starr, stemmte die Ellenbogen auf, stieß im Aufsprung Jakob von den Füßen, bückte sich über ihn, bekam Jakobs Knie ans Kinn, riß ihn im Fallen über sich, würgte Jakobs Hals, stöhnte unter ihrem Fußtritt, hatte losgelassen. Jakob stand wieder. Der andere griff sich mühsam hoch an den dünnen Stämmen, richtete sich krumm auf. Diesmal schlug Jakob zuerst, gegen Kinn, Hals, Schläfe, Augen, bis die torkelnden Bewegungen des anderen zusammenfielen. Jakob zog ihm die Hände unter dem Körper hervor, band sie zusammen mit Peitschenriemen aus der Hosentasche, riß den Eimer aus dem Gebüsch und hielt eben die Fingergabel vor die Lippen, als Gesine den Mund aufmachen wollte.

Er ging voran. Nach ein paar Metern wandte er den Kopf und winkte sie vorwärts um die Wegbiegung. Sie kamen an eine tote Feuerstelle, neben der eine Aktentasche lag, ein Kochgeschirr, offene Konservendosen, Decken der Luftwaffe. Jakob ging einmal um die schwarzgraue Asche herum, nahm eine Dose in die Hand, stellte sie zurück. Er atmete schwer.

Dann sah er die Maschinenpistole, griff sie am zerkerbten Schaft hoch, schwenkte fragend das Gesicht. Gesine fing an zu gehen.

Als sie anfing zu weinen, nahm er sie an der Hand und zwang sie zum Laufen. Der gleichmäßige Trab brachte ihren Atem in Ordnung, im Vorholz hat sie (glaubt sie) nicht mehr geweint. Dann kamen sie auf die Schilfwiese, sahen über Knickstufen, Zäune, ausgebleichte Wiesen die graue See und grau den großen Graben darauf zukriechen. Jakob blieb stehen.

Vom Wehr aus sah sie ihn auf einem Koppelpfahl hocken, mit ausgestreckten Beinen, das Gesicht gekehrt gegen das Vorholz, hinter dem Jerichow war. Die Kälte des rostigen Eisenstegs brannte ihre Sohlen. Über die Wiesen kam harter Wind herangefegt. Sie zog sich das Kleid über den Kopf und hangelte sich am Steggeländer in das schwarzklare Wasser bis an die Schultern. An einem Arm hängend wischte sie sich eine Handvoll Wasser ins Gesicht, stemmte sich zitternd hoch mit den Beinen, kroch keuchend zurück ins Kleid, dem rasch dunkelgrüne Flecken durchschlugen. Als sie mit dem leeren Eimer an der Hand neben Jakob ankam, wurde das verwischte Meerende haarbreit kantig, scharf, hell. Als sie um das Vorholz herumgelaufen waren, zitterte der Bischofsmützenturm schon im Tageslicht.

Sie waren vor dem Frühstück am Haus. Sie lag schon im Bett, als Cresspahl durch die Tür sagte, wach, mürrisch: Zieh dir ja Hosen an, du. Er ließ sie aber schlafen, bis Inge kam.

Inge kam, mit der sie vor Zeiten einmal befreundet gewesen war, und erzählte vom Kirchgang. Sie hatte auch Osterwasser holen wollen, aus dem Bruch, aber schon vor dem Haus hatte ihr Heini Lang aufgelauert und Fratzen geschnitten, bis sie gelacht hatte. Lachen bedeutet ja noch nichts, aber Reden bedeutet, und sie hatte Heini Lang ja angeschrien, den.

In der Woche nach Ostern wurde in die sowjetische Kommandantur gegenüber Cresspahls Haus ein deutscher Soldat gefahren, den die Russen westlich vom Gräfinnenwald aufgegriffen hatten. In der Stadt wurde erzählt, er sei aus der Gefangenschaft gelaufen. Er war so kaputt vom Krieg, daß er sich nicht in sein Dorf traute und Wochen lang im Wald davor kampiert hatte. Der war durcheinander, den haben sie weggebracht, hat wirr geredet.

Den vergaß sie. Aber lange später noch trieb das Datum von Ostern, ein geöffnetes Fenster, davor rasch ins Frühjahr laufende Luft ihr Herz so schnell wie das des Mädchens, das bei Cresspahl am Tisch saß, mit einer Hand im wassersträhnigen Haar den Widerschein des Blicks in Jakobs Gesicht las und sich gesagt sein ließ, daß Weinen gegen Osterwasser nicht bedeutet, damit du schön wirst, gut zu sehen.

Es hatte Spiegeleier gegeben mit Speck und Bratkartoffeln. Sie war so satt, die Augen fielen ihr zu.

Vom Eise befreit sind Strom und Bäche
durch des Frühlings holden belebenden Blick,
im Tale grünet Hoffnungsglück;
der alte Winter, in seiner Schwäche,
zog sich in rauhe Berge zurück.
Von dort her sendet er, fliehend, nur
ohnmächtige Schauer körnigen Eises
in Streifen über die grünende Flur.
Aber die Sonne duldet kein Weißes,
überall regt sich Bildung und Streben,
alles will sie mit Farben beleben;
doch an Blumen fehlt's im Revier,
sie nimmt geputzte Menschen dafür.
Kehre dich um, von diesen Höhen
nach der Stadt zurückzusehen!
Aus dem hohlen, finstern Tor
dringt ein buntes Gewimmel hervor.
Jeder sonnt sich heute so gern.
Sie feiern die Auferstehung des Herrn,
denn sie sind selber auferstanden:
aus niedriger Häuser dumpfen Gemächern,
aus Handwerks- und Gewerbesbanden,
aus dem Druck von Giebeln und Dächern,

aus den Straßen quetschender Enge,
aus der Kirchen ehrwürdiger Nacht
sind sie alle ans Licht gebracht.
Sieh nur, sieh! wie behend sich die Menge
durch die Gärten und Felder zerschlägt,
wie der Fluß in Breit und Länge
so manchen lustigen Nachen bewegt,
und, bis zum Sinken überladen,
entfernt sich dieser letzte Kahn.
Selbst von des Berges fernen Pfaden
blinken uns farbige Kleider an.
Ich höre schon des Dorfs Getümmel,
hier ist des Volkes wahrer Himmel,
zufrieden jauchzet groß und klein:
Hier bin ich Mensch, hier darf ich's sein!

Ostern

Es war daheim auf unserm Meeresdeich;
Ich ließ den Blick am Horizonte gleiten,
Zu mir herüber scholl verheißungsreich
Mit vollem Klang das Osterglockenläuten.

Wie brennend Silber funkelte das Meer,
Die Inseln schwammen auf dem hohen Spiegel,
Die Möwen schossen blendend hin und her,
Eintauchend in die Flut die weißen Flügel.

Im tiefen Kooge bis zum Deichesrand
War sammetgrün die Wiese aufgegangen;
Der Frühling zog prophetisch über Land,
Die Lerchen jauchzten und die Knospen sprangen. –

Entfesselt ist die urgewalt'ge Kraft,
Die Erde quillt, die jungen Säfte tropfen,
Und alles treibt, und alles webt und schafft,
Des Lebens vollste Pulse hör ich klopfen.

Der Flut entsteigt der frische Meeresduft,
Vom Himmel strömt die goldne Sonnenfülle;
Der Frühlingswind geht klingend durch die Luft
Und sprengt im Flug des Schlummers letzte Hülle.

O wehe fort, bis jede Knospe bricht,
Daß endlich uns ein ganzer Sommer werde;
Entfalte dich, du gottgebornes Licht,
Und wanke nicht, du feste Heimaterde! –

Hier stand ich oft, wenn in Novembernacht
Aufgor das Meer zu gischtbestäubten Hügeln,
Wenn in den Lüften war der Sturm erwacht,
Die Deiche peitschend mit den Geierflügeln.

Und jauchzend ließ ich an der festen Wehr
Den Wellenschlag die grimmen Zähne reiben;
Denn machtlos, zischend schoß zurück das Meer –
Das Land ist unser, unser soll es bleiben!

Ostermontag

Aus verzückten Fernen hob sich
Von befreitem Licht erhellt,
Wie die Arche aus den Wassern,
Eine makellose Welt.

Selig knien in Umarmung,
Menschheit ahnend, Mann und Weib,
Denn in reinre Form verwandelt
Ward des Sohns erstandner Leib.

Jahwe trat die Bundeskelter,
Niederbrach des *Blutes* Saft,
Und wir glühen, uns ertastend.
In des *Geistes* Bindekraft.

Unerhörter Sammlung wartet
Sich verklärend alles Fleisch,
Und aus Zeit- und Raumesgrenzen
Dehnt sich das verheißne Reich.

Am dritten Sonntage nach Ostern

Ev.: [»Über ein Kleines werdet ihr mich sehn.« Joh. 16,16–22]

Ich seh' dich nicht!
Wo bist du denn, o Hort, o Lebenshauch?
Kannst du nicht wehen, daß mein Ohr es hört?
Was nebelst, was verflatterst du wie Rauch,
Wenn sich das Aug' nach deinen Zeichen kehrt?
Mein Wüstenlicht,
Mein Aronsstab, der lieblich könnte grünen,
Du tust es nicht;
So muß ich eigne Schuld und Torheit sühnen.

Heiß ist der Tag;
Die Sonne prallt von meiner Zelle Wand.
Ein traulich Vöglein flattert ein und aus,
Sein glänzend Auge fragt mich unverwandt:
Schaut nicht der Herr zu diesen Fenstern aus?
Was fragst du nach?
Die Stirne muß ich senken und erröten.
O bittre Schmach!
Mein Wissen mußte meinen Glauben töten.

Die Wolke steigt,
Und langsam über den azurnen Bau
Hat eine Schwefelhülle sich gelegt.
Die Lüfte wehn so seufzervoll und lau,
Und Angstgestöhn sich in den Zweigen regt;
Die Herde keucht.
Was fühlt das stumpfe Tier? Ist's deine Schwüle?
Ich steh' gebeugt;
Mein Herr, berühre mich, daß ich dich fühle!

Ein Donnerschlag!
Entsetzen hat den kranken Wald gepackt.
Ich sehe, wie im Nest mein Vogel duckt,
Wie Ast an Ast sich ächzend reibt und knackt,
Wie Blitz an Blitz durch Schwefelgassen zuckt.
Ich schau' ihm nach;
Ist's deine Leuchte nicht, gewaltig Wesen?
Warum denn, ach,
Warum nur fällt mir ein, was ich gelesen?

Das Dunkel weicht,
Und wie ein leises Weinen fällt herab
Der Wolkentau; Geflüster fern und nah,
Die Sonne senkt den goldnen Gnadenstab,
Und plötzlich steht der Friedensbogen da.
Wie? Wird denn feucht
Mein Auge? Ist nicht Dunstgebild der Regen?
Mir wird so leicht!
Wie? Kann denn Halmes Reibung mich bewegen?

Auf Bergeshöhn
Stand ein Prophet und suchte dich wie ich:
Da brach ein Sturm der Riesenfichte Ast,
Da fraß ein Feuer durch die Wipfel sich;
Doch unerschüttert stand der Wüste Gast.
Da kam ein Wehn
Wie Gnadenhauch, und zitternd überwunden
Sank der Prophet
Und weinte laut und hatte dich gefunden.

Hat denn dein Hauch
Verkündet mir, was sich im Sturme barg,
Was nicht im Blitze sich enträtselt hat:
So will ich harren auch. Schon wächst mein Sarg,
Der Regen fällt auf meine Schlummerstatt!
Dann wird wie Rauch
Entschwinden eitler Weisheit Nebelschemen,
Dann schau ich auch,
Und meine Freude wird mir niemand nehmen.

Pfingsten

Jubel ist mein Name, und Frohlocken
Ist mein Antlitz: ich bin wie eine junge
Flur in Kränzen der Morgenröte!

Ich bin wie eine liebliche Schalmei auf
Den Hügeln!

Höret mich, ihr schwellenden Täler, höret
Mich, ihr wogenden Wiesen, höret mich,
Ihr singenden, ihr seligen Wälder!

Denn ich bin nicht mehr einsam unter
Eurem Prangen, ich bin eure Schwester
Und Verwandte geworden: grüße mich,
Mein holdes Gleichnis, Erde,
Die der Herr erfüllt!

Nähe ist noch Ferne, Gnade ist noch Stufe:
Er ist in mir als ein ew'ges Mein!

Er ist über mich gekommen, wie das Knospen
Über den Strauch kommt, er ist in mir
Aufgebrochen wie Rosen an den
Hecken!

Ich blühe im Rotdorn seiner Liebe, ich
Blühe an allen meinen Zweigen im
Purpur seiner Gaben!

Ich blühe mit feurigen Zungen, ich blühe
Mit flammendem Vollbringen: ich blühe
Aus dem heil'gen Geist des Herrn!

Es schwebt des Maimarkts roter Luftballon

Frühling im Stadtpark

Schon wölbt der Rasen seinen warmen Bauch,
Schlägt Maigeäst auf Fraun und Bänke stark.
Die Kinder wehen süß im Birkenrauch
Und backen Sand zu kleinem Spielzeugquark.

Ein Taubenfuß, ein Mädchenfuß lockt wie Schalmei,
Aus Rasenrändern bricht der Blumen Wuchs.
Kieswege wäscht die Sonne und Salbei,
Gestreut in Wind und Tau und jungen Buchs.

Des Parkes Buch singt grün den Sperlingsspott,
Es schwebt des Maimarkts roter Luftballon!
Hoch über Autotier und Straßentrott
Zigeunert unsrer Kindheit Luftballon.

Wenn die Blumen aus dem Gras sprießen
als lachten sie der taufunkelnden Sonne entgegen
an einem Maitag morgens früh;
und wenn die kleinen Vögel fröhlich singen
in ihrer schönsten Weise –
welche Herrlichkeit kann sich damit vergleichen?
Das ist wohl halb das Himmelreich.
Sollen wir sagen was sich dem vergleichen kann,
so spreche ich aus, was meine Augen
mehr entzücken würde,
und wieder entzücken würde, sähe ich es wieder.

Wo nämlich eine Frau, damenhaft und vornehm
  innerlich und äußerlich,
prächtig Kleidung und Kopfschmuck,
um der Unterhaltung willen in Gesellschaft geht,
froh und festlich gestimmt, von Gefolge begleitet,
gelegentlich die Augen ein wenig herumgehn
  lassend,
und auftritt wie die Sonne neben Sternen –
der Mai bringe uns all seine Wunderpracht,
was ist darunter so Herrliches
wie ihre liebliche Schönheit?

Da lassen wir alle Blumen
und starren nur die herrliche Frau an.

Wohlan denn, wollt ihr den Wahrheitsbeweis,
gehen wir zum Fest des Mai!
Der ist gekommen mit aller seiner Macht.
Seht auf ihn – und seht auf die schönen Frauen,
welches von beiden da das andre übertrifft:
 ob ich nicht den besseren Zug getan habe!
 Oh, wenn mich jemand vor die Wahl stellte
 das eine zu lassen um des andern willen –
 wie prompt ich dann mich entschiede!
 Herr Mai, lieber wollte ich ihr würdet März,
 als daß ich da meine Herrin aufgäbe.

Im wunderschönen Monat Mai,
Als alle Knospen sprangen,
Da ist in meinem Herzen
Die Liebe aufgegangen.

Im wunderschönen Monat Mai,
Als alle Vögel sangen,
Da hab ich ihr gestanden
Mein Sehnen und Verlangen.

Mai

Mit Maiglöckchen
läutet das junge Jahr
seinen Duft

Der Flieder erwacht
aus Liebe zur Sonne
Bäume erfinden wieder ihr Laub
und führen Gespräche

Wolken umarmen die Erde
mit silbernem Wasser
da wächst alles besser

Schön ists im Heu zu träumen
dem Glück der Vögel zu lauschen

Es ist Zeit sich zu freuen
an atmenden Farben
zu trauen dem blühenden Wunder

Ja es ist Zeit
sich zu öffnen
allen ein Freund zu sein
das Leben zu rühmen

Seiltänzer

Frankfurt, April 1948

Vor dem alten Römer: Hohes Seil über Trümmern, Maste aus Eisen, unverbogen, unverrostet, jeder in einer Garbe von Kabeln, die ihn nach allen Seiten verankern, man denkt nicht sogleich an Seiltänzer, eher an Kräne, wenn die bunten Wimpel nicht wären, oder an die Takelage eines versunkenen Schiffes, versunken nicht in die Wogen eines Meeres, sondern in Wogen von Schutt, von vergrasendem Backstein ... Immer grüner, ländlicher, blühender zieht der Frühling in deutsche Städte ... Am Abend aber, wenn die Ruinen im Scheinwerfer stehen, ist alles noch märchenhafter; das milchige Licht, das sich in die grünliche Finsternis spreizt, manchmal ein glitzernder Falter darin, und im Hintergrund, jenseits der blinkenden Trapeze, steht der Dom, ein flacher Umriß, ein Scherenschnitt, eine gewichtlose Blässe von rotem Sandstein, körperlos hinter einem Gitter von kreuzenden Scheinwerfern. Und darüber auch noch der Mond, der volle, der gerade im Netz der Seiltänzer liegt; der Mond, Lampion der Verliebten, Laterne der Strolche, Kleinod der Dilettanten, Trost in der Fremde, Gong der Erinnerung, vor allem aber die

Garantie, daß das All nicht ohne Poesie ist, das All, die Nacht, der Tod, nicht ohne Poesie, nicht ohne Gemüt … Das Trikot der Artisten, die jetzt dreißig Meter über unserer Erde schweben, erscheint in seinem Lichte wie wirkliche Seide.

»Meine Herrschaften!« sagt der etwas blecherne und hallende Lautsprecher: »Auch der Artist will nichts anderes als Sie, auch der Artist will leben! Was Sie als nächste Nummer sehen –.«

Ein Handstand auf wankender Fahnenstange – unwahrscheinlich, was der Mensch alles macht, um zu leben. Schon sind es drei und fünf und sieben Menschen, die am Kiefer eines jungen Mannes hangen, an der Geistesgegenwart eines Kindes, das gerade gestern, wie der Lautsprecher unterrichtet, seinen zehnten Geburtstag hatte … Kalte, wolkenlose Nacht, Frühling, der dritte Abend in einer fremden Stadt, die nicht mein Ziel ist; wenn man sich zuweilen wundert: wieso sitze ich gerade hier und nicht anderswo in der Welt, hier in nächtlicher Ruine und Gotik, die zum munteren Tingeltangel wird, halb Bar, halb Kirmes.

»Was Sie als sechste Nummer sehen«, sagte der hallende Lautsprecher: »das hat auf dieser Welt noch kein menschliches Auge erblickt! Wir sind stolz darauf, daß es junge deutsche Artisten sind –.«

Zwei Burschen, jeder auf einem glitzernden Velo, nehmen eine weiße Stange von Schulter zu Schulter;

auf diese Stange kommt ein drittes Velo, nicht minder glitzernd; aber nicht genug, daß sie mit dieser Pyramide über das hohe Seil fahren: der oberste, um den Rest unseres Atems auszuschalten, läßt auch noch die Lenkstange los, hebt sich zum Handstand auf dem Sattel, während die beiden unteren radeln – dreißig Meter über unserer Erde, das heißt, über Backsteinen mit verbogenen Eisen, über Resten eines romanischen Tores, über Unkraut in einer verrosteten Badewanne …

»Meine Herrschaften«, sagt der Lautsprecher: »die Künstler danken für Ihren großen Beifall. Folgen Sie bitte unserem Scheinwerfer, richten Sie jetzt Ihren freundlichen Blick hinüber auf die Nikolaikirche.«

Wir richten unsern Blick hinüber. Plötzlich rattert ein Motorrad, erst unsichtbar, dann aber plötzlich fährt es empor auf einem Seil, das in der Nacht nicht zu erkennen ist, empor gegen den erleuchteten Kirchturm, rattert, pufft, knallt, bis es nicht mehr weiter kommt, langsam rollt es zurück in die Ruine des Kirchenschiffes. Die Nummer ist mißlungen, der Lautsprecher bittet um Nachsicht, der Motor hat versagt. Doch die nächste Nummer ist schon bereit: drüben am Dom, ganz oben im gotischen Zierat, erkennt man zwei weiße Menschlein; ein Seil, fünfhundert Meter lang, spannt sich vom Dom hinunter an den Main. Leider bittet mich eine Dame um Feuer; als mein Feuerzeug endlich schnappt, hat die sausende

Fahrt bereits begonnen: – an einer Rolle, die ein dünnes zischendes Geräusch hinterläßt, wie wenn man Seide zerreißt, hängt wieder einmal ein Trapez, am Trapez hangen die drei Artisten, Kopf nach unten, Arme zur Seite, drei weiße menschliche Kreuze, so sausen sie über die fehlenden Dächer, stets vom Scheinwerfer verfolgt, verschwinden zuweilen hinter einem schwarzen Zickzack, werden noch einmal sichtbar, das Publikum erhebt sich von den Bänken, um sie länger zu sehen. Vorbei. Der Lautsprecher bittet, den Beifall freundlich aufzusparen, bis die drei Künstler, die unterdessen am Main gelandet sind, zum alten Römer zurückkommen … Unterdessen ein Swing, unterdessen die Bewandtnis mit der letzten Nummer:

»Camilla Mayer, die verehrte und unvergeßliche Gründerin unsrer Truppe, hat als erste dieses einzigartige Wagnis vollbracht. Eines Abends ist sie vor unseren Augen zu Tode gestürzt, aber an ihrer Bahre haben wir geschworen, daß wir dieses Meisterwerk der Artistik, der sie ihr Leben geopfert hat, immer und immer wieder vollbringen werden. Und für immer soll es ihren Namen tragen, den Namen unsrer verehrten und unvergeßlichen: Camilla Mayer!«

Alle Scheinwerfer zusammen auf ein schräges Seil, ein bisher unbemerktes, das an der Spitze der Nikolaikirche befestigt ist und mit gelassenem Schwung irgendwo in den Trümmern verschwindet, achtzig

Meter lang; die Steigung schätze ich auf zwanzig Grad –

Musik bricht ab.

»Der Todesgang der Camilla Mayer!«

Es ist ein ganz junges Mädchen, das den großen Schwur an die Verstorbene nicht nur einmal, sondern Abend für Abend erfüllt. Langsam steigt sie aus den rötlichen Trümmern, eine weiße Stange in den Händen, langsam, Fuß vor Fuß steigt sie hinauf in die Nacht. Ohne ein Netz unter dem Seil; das ist das Einzigartige. Wenn sie fehlt und fällt: lautlos, ein dumpfer Schlag im Schutt, fast nicht hörbar, ein sprödes Krachen der zersplitternden Stange, sonst nichts, ein dünner und ungläubiger Aufschrei von tausend Zuschauern, die teilweise sich erheben, teilweise sitzen bleiben, ein freundlicher Bericht in der Presse, Bericht mit Bild, eine sonderbare lebenslängliche Erinnerung für einzelne ... aber sie stürzt nicht ... Sie bleibt auf dem weichen und lautlosen Wippen des Seiles. Hin und wieder eine Anweisung an die Scheinwerfer, damit sie die Künstlerin nicht blenden. Achtzig Meter sind lang! Das Mädchen hat etwa die halbe Höhe; auch der Rückzug ist kein Trost mehr. Totenstille. Einmal ein schweres amerikanisches Flugzeug, das drei bunte Lichtlein durch den Sternhimmel fliegt. Natürlich wird das Seil gegen oben immer steiler, das Gelöbnis immer schwerer. Noch zehn Meter! Ein Scheinwerfer faßt bereits den Turm; wieder die wunderbare Farbe seines Sandsteines, sein sprödes Terrakotta vor einer grünlichen Nacht. Auf dem Gesims wartet bereits ein andrer Artist, um dem Mädchen, wenn es so weit ist, die weiße Stange abzunehmen. Sechs Meter! Fünf Meter! Neben mir sitzt ein junger Neger in Uniform, vier Striche am Ärmel, das sind zwei Jahre Europa; vor uns erheben sich die Leute bereits, um nicht ins Gedränge zu kommen. Zwei Meter! Ein Meter! Schon steht sie auf dem Gesims, wo sonst nur Vögel sind, sie hält sich an einem Zierat, ihr Flitter glitzert im Scheinwerfer, sie winkt der Menge, die klatscht, der Lautsprecher spielt einen Marsch. Es ist kalt. Der junge Neger sitzt immer noch auf seinem Platz. Ohne zu klatschen. Gelegentlich greift er in sein oberes Täschlein, nimmt eine Zigarette, die er ansteckt …

Albumblatt

Sommer durch die Lauben glüht,
Frühling zog vorbei –
Sing mir noch ein kleines Lied –
Kleines Lied vom Mai.
Wasser plätschern – trinken sacht
Meiner Armut Bild;
Einst ach hat die Frühlingsnacht
Mich in Samt gehüllt.
Sommer durch die Lauben glüht,
Frühling zog vorbei …
Sing mir noch ein kleines Lied –
Kleines Lied vom Mai

Maienregen

Du hast deine warme Seele
Um mein verwittertes Herz geschlungen,
Und all seine dunklen Töne
Sind wie ferne Donner verklungen.

Aber es kann nicht mehr jauchzen
Mit seiner wilden Wunde,
Und wunschlos in deinem Arme
Liegt mein Mund auf deinem Munde.

Und ich höre dich leise weinen,
Und es ist – die Nacht bewegt sich kaum –
Als fiele ein Maienregen
Auf meinen greisen Traum

Das Frühjahr

Das junge Frühlingsgrün erschien mir wie ein grünes Feuer. Blau und Grün ergossen sich in einen zusammentönenden Klang. Ich glaubte, die Welt nie so schön gesehen zu haben und mich selbst nie so befriedigt. Wie wohl tat es mir, auf das felsige Gestein treten zu dürfen. Der Erdboden war mir wie ein geheimer Bruder. Die Pflanzen hatten Augen, die mir Blicke voll Liebe und Freundschaft zuwarfen. Die Gebüsche redeten mit süßen Stimmen, und von überallher tönte der liebenswürdige, wehmütig-frohe Gesang der Vögel. An den Abenden war es in den Tannenwäldern rätselhaft schön – die Tannen standen wie Phantasiegebilde da, so edel, so hoheitsvoll, so zierlich. Ihre Äste glichen Ärmeln, die da und dorthin ernsthaft deuteten. Wie lieb schien an heiteren, hellen Vormittagen die Sonne, fast nur zu süß. Ich wurde immer zum kleinen Kinde in all der Freude, unter all der Farbe. Ich hätte die Hände zum vertrauensvollen Gebete falten mögen. »Wie ist die Erde schön«, sagte ich immer wieder still zu mir selber. Auf der Anhöhe stehend, sah ich in der Ebene, welche reizend schimmerte, die Stadt mit ihren hübschen Gebäuden und Gassen liegen, durch die Gassen bewegten sich kleine Gestalten, das waren meine Mitbürger. Es war alles so friedlich und so reizend, so klar und so geheimnisreich. O, wie schön war's auf dem Felsen über dem See, der in seiner Farbe und in seiner Zeichnung einem zärtlichen Lächeln glich, einem Lächeln, das den besten Willen und die lieblichste Güte enthält, einem Lächeln, wie es nur Liebende zu lächeln vermögen, die stets Ähnlichkeit mit Kindern haben. Ich ging immer dieselben Wege, und immer kamen sie mir wieder gänzlich neu vor. Ich wurde nie müde, mich am Gleichen zu freuen und am Ähnlichen zu erlaben. Ist nicht der Himmel immer derselbe, sind nicht Liebe und Güte immer dieselben? Das Schöne trat mir so still entgegen. Auffälligkeiten und Unauffälligkeiten gaben sich die Hand und waren wie verschwistert. Das Bedeutende zerrann, und ich widmete den unbedeutendsten Dingen eine genaue Achtsamkeit und war sehr glücklich dabei. So vergingen die Tage, Wochen, Monate, und rasch ging das Jahr herum, aber das neue Jahr sah dem dahingegangenen ähnlich, und ich fühlte mich von neuem wohl.

Maykäfer flieg!

Maykäfer flieg!
Der Vater ist im Krieg,
Die Mutter ist im Pommerland,
Und Pommerland ist abgebrannt.

Maykäfer flieg!

Heinrich Vogeler

Heinrich Vogeler fand in Worpswede den Boden für seine Wirklichkeit. Seine Kunst ist zuerst ein seliges und entzücktes Voraussagen derselben, und alle Märchen seines großen alten Skizzenbuches fangen mit den Worten: »Es wird einmal sein ...« an. Zeichnungen und Radierungen erzählen, feinstimmig und flüsternd, von dem Künftigen. Und später – in Bildern – feiert er, reif und dankbar, die Erfüllungen seines Lebens. Das ist der eigentliche Inhalt seiner Kunst. Was ihn sonst noch beschäftigt, sind Erinnerungen aus Tagen oder Träumen, die er geheimnisvoll, wie Märchen, erzählt. Ein unermüdliches Erforschen der Formen geht nebenher, das ihn immer fähiger macht, alles, bis in die Nuancen genau so zu sagen, wie er es erlebt. Und er erlebt es ungewöhnlich und neu, so daß seine Kunstsprache sich viele Ausdrücke schaffen mußte, um seinen Erlebnissen folgen zu können.

Aber auch ganz am Anfang, als sie nur wenig Worte besitzt, gebraucht er keine fremden Ausdrücke neben ihr und bedient sich ihrer, als ob sie unerschöpflich wäre. Und in jenen frühen radierten Blättern trägt gerade das Lückenhafte und stellenweise

Ungeschickte der eigenartigen Formensprache dazu bei, den Reiz des Inhaltes zu erhöhen. Es besteht ein gewisser Parallelismus zwischen diesen schütteren Strichen und dem durchscheinenden und dürftigen Wesen der allerersten Frühlingstage, von denen er erzählt. Dünne Birken, Wiesen, in denen schüchtern frühe Blumen stehen, und ein großmaschiges Netz von Ästen, durch welches überall der blasse Himmel sieht. Manchmal sitzt ein schlankes Mädchen, ein stilles, gekröntes Kind, im Gras und schaut mit weiten Augen, fortwährend staunend, den Vögeln zu, die zu Neste tragen, manchmal steht eine Burg in der Ferne und alle Wege im ganzen Land gehen neugierig auf sie zu; manchmal ist der Wald im Hintergrund und vor dem Walde steht ein Ritter aufrecht da und bewacht das nachdenkliche Spiel der Schlangenbraut. Oder es kommt eine schmale Quelle gegangen im hohen Gras, und am Horizont vor den weißen eiförmigen Frühlingswolken taucht ein Knabe auf, ein Hund, Ziegen … Und dann kann man sehen, wie der Frühling wächst: die Bäume scheinen näher zusammenzutreten, die Wege werden heimlicher und bereiten sich vor, zu den ersten Liebestagen hinzuführen. Da entstehen die Blätter: »Liebesfrühling« und »Minnetraum«. Die beiden jungen Menschen, die sich liebhaben, wissen es schon. Sie sitzen nebeneinander, still zusammengefügt wie Hand in Hand. Und hinter ihnen erklingt der Liebe Lied, von einem

Engel auf hoher Harfe gespielt: vor ihnen aber liegt der Liebe Land, in welchem Frühling ist, tief und aufgetan. Und wenn sie weitergehen, so treten Engel in langen Kleidern hinter den Bäumen hervor und umgeben sie mit ihrem Gesang, und singen alles, so daß ihnen gar nichts mehr zu sagen übrigbleibt:

»Wir müssen, Geliebteste, leise
hinschreiten, ich und du …«

Es ist mehr als nur ein Frühling in diesen Blättern. Und nicht das Glück der Menschen allein, die sich gefunden haben und nun zusammengehen, erklingt in ihnen, das Glück aller Dinge, die den Frühling fühlen, scheint darin irgendwie ausgesprochen zu sein; Heinrich Vogeler gehört zu denjenigen, von welchen es einmal in einem Briefe Jacobsens heißt, daß ihnen »die Bäume und der Bäume kleine Heimlichkeiten täglich Brot« sind. Er weiß in das Leben der kleinsten Blumen hineinzublicken; er kennt sie nicht von Sehen und vom Hörensagen. Er ist in ihr Vertrauen eingedrungen und wie der Käfer kennt er des Kelches Tiefe und Grund. Man betrachte seine Blumenstudien: sie sind von einer beispiellosen Gewissenhaftigkeit, und es ist doch nichts Pedantisches an ihnen; denn man fühlt die Wichtigkeit und Notwendigkeit eines jeden Striches und wie er unvermeidlich war. Die Kunst, in einer Blume, in einem Baumzweig, einer Birke oder einem Mädchen, das sich sehnt, den ganzen Frühling zu geben, alle Fülle und den Überfluß der Tage und Nächte, – diese Kunst hat keiner so wie Heinrich Vogeler gekonnt. Seine Mappe »An den Frühling« ist viel zu wenig bekannt geworden. Einzelne Blätter derselben gehören zu den schönsten Offenbarungen seines Werkes. Und hier zeigt es sich auch, weshalb seine Frühlingserfahrung so intim und tief, so wenig allgemein ist. Es ist nicht das weite Land, darin er wohnt, bei dem er den Lenz gelernt hat; es ist ein enger Garten, von dem er alles weiß, *sein* Garten, seine stille, blühende und wachsende Wirklichkeit, in der alles von seiner Hand gesetzt und gelenkt ist und nichts geschieht, was seiner entbehren könnte. Die kleinste Blume, die da entstand, hat er zur Taufe gehalten und jeder Rose hat er die Mauer hinaufgeholfen zu dem Platze, wo sie lächeln und leben wollte. Die Bäume, die draußen in der Heide stehen, sind ihm fremd wie die Menschen, die draußen wohnen; aber seiner Bäume Kindheit hat er Tag für Tag überwacht und hat teilgenommen an ihnen wie an Brüdern. Darum liebt er die großen Winde dieses Landes, weil sie sich wie Hände an seine Bäume legen und das, was er geplant hat, bilden und biegen in den bewegten Nächten des Frühlings, wenn die Stämme, steigender Säfte voll, wie Fontänen stehen im Sturme. Und der weite Himmel ist ihm lieb, weil er seiner kleinen Blumen Licht und Regen ist und der Glanz auf den Blättern seiner Bäume und in den Fenstern des weißen Hauses, das mitten im Garten steht. Er ist der Gärtner dieses Gartens, wie man der Freund einer Frau ist: leise geht er auf seine Wünsche ein, die er selbst erweckt hat, und sie tragen ihn weiter, indem er sie erfüllt. Was er ihm im Herbste vertraut, kommt ihm neu im Frühling entgegen, und was er in den Frühling legt, bleibt nicht so, wächst, wächst in den Sommer hinein, hat ein Leben für sich und seinen eigenen Tod in den tödlichen Tagen des Herbstes. So lebt er sein Leben in den Garten hinein, und dort scheint es sich auf hundert Dinge zu verteilen und auf tausend Arten weiterzuwachsen. In diesen Garten schreibt er seine Gefühle und Stimmungen wie in ein Buch; aber das Buch liegt in den Händen der Natur, die wie ein großer Dichter die flüchtigsten seiner Einfälle gebraucht, um sie auf eine unerwartete Weise auszuführen. So hat er einen Baum gepflanzt oder eine Laube geflochten um des Frühlings willen; und er hat den Baum schlank und zart und die Laube locker gemacht, wie es im Sinne des Frühlings war. Aber die Jahre gehen, der Baum und die Laube verändern sich, sie werden reicher, breiter und schattiger, der ganze Garten wird dichter und rauscht immer mehr, – und so reißen die Dinge, die er aus einem frühlinglichen Empfinden gepflanzt hat, ihn mit, in den Sommer hinein, in den sie sich immer tiefer verlieren. An diesem Garten, an den sich immer steigernden Anforderungen seiner verzweigteren Bäume, ist Heinrich Vogelers Kunst gewachsen; hier waren ihr immer neue, immer schwerere Aufgaben gestellt, Aufgaben, die langsam von Jahr zu Jahr komplizierter wurden und anspruchsvoller. Da waren nicht mehr die kleinen Bäume um ihn, die sich mit wenigen Linien sagen ließen, und was sich rankte, ging nicht nur auf *den* Spuren mehr, auf denen er es geführt hatte, empor. Aus umrandeten Schleiern waren gefüllte Spitzen aus dichtem Grün geworden, und es galt den Gesetzen eines verschlungenen Musters nachzugehen. Die Kronen der Bäume hatten sich dichter vergittert und überall waren unter dem Einfluß des Wachstums und des Windes neue Linien entstanden, Linien und Systeme von Linien, Überschneidungen und Verkürzungen, die auf den ersten Blick etwas Verwirrendes hatten. Aber es war nicht der erste Blick, der auf ihnen ruhte. Es war ein Auge, das nicht allein sah, sondern das auch wußte und gesehen hatte, wie alles geworden war. Dieses Wissen ist es, was die Bäume, die Heinrich Vogeler später gezeichnet hat, so überzeugend, was das Durcheinander von unzählbar vielen Zweigen so klar und organisch macht. Er hat manchmal Bäume erfunden, deren Astwerk von so fabelhafter Durchbildung und Gesetzmäßigkeit erfüllt ist, daß sie einer komplizierten Wirklichkeit genau nachgebildet scheinen. Seine Liniensprache, welche auf den frühen Radierungen, nur wenige Ausdrücke, rhythmisch (wie im Volkslied) wiederholte, entnahm dem dichteren Garten tausend Bereicherungen. An Stelle des Lockeren und Lichten, das seinen Blättern und Bildern im Anfang eigentümlich schien, tritt immer mehr das Bestreben, einen gegebenen Raum organisch auszufüllen. Auf den Radierungen aus der späteren Zeit beginnt diese neue Absicht deutlich zu werden, aber erst auf den Federzeichnungen erfüllt sie sich ganz. Wie eine Baumflechte mit tausend und abertausend Fäden überzieht die Zeichnung das Blatt, überwuchert es mit ihrem Reichtum, breitet sich darinnen aus wie ein Gewebe unter dem Mikroskop. Mag, was den Inhalt dieser merkwürdigen Blätter betrifft, die dekadente Linienphantastik Aubrey Beardsleys anregend auf Vogeler gewirkt haben, das Wesentliche an ihnen wuchs aus ihm heraus, und der Einfluß seines Gartens ist stärker als jeder andere gewesen.

Es ist eine Nebenerscheinung dieser eigentümlichen Entwicklung Heinrich Vogelers, daß sie ihn ganz besonders befähigt hat, Bücher zu schmücken. Seine Absichten gehen schon lange (seitdem er sich mit einigen guten Ex libris dem Wesen des Buches genähert hat) nach dieser Seite hin, aber erst jetzt, da sein Linienstil diese Durchbildung erreicht hat, wird er imstande sein, ganz Glückliches in dieser Richtung zu leisten. Einige Titelblätter in der Insel, die Ausstattung eines kleinen Bandes Bierbaumscher Gedichte und der wundervolle Schmuck, mit dem er das Drama »Der Kaiser und die Hexe« von Hugo von Hofmannsthal umgeben hat, bestätigen, daß seine ruhig und geschlossen wirkende und doch innerlich so reiche Linienkunst wie keine geeignet ist, neben dem Gange edler Lettern wie ein Gesang herzugehen. Aber nicht dem Buchgewerbe allein, allem was Kunstgewerbe heißt, ist dieser Künstler eine große Hoffnung. In seiner auf Verwirklichungen gestellten Eigenart mußte sich bald der Wunsch entwickeln, Dinge zu machen. Aus ganz früher Zeit stammen gestickte Bucheinbände, Wandbekleidungen und Gläser, aber auch anderer Gegenstände sucht seine Empfindung, die sich immer mehr in Wirklichkeiten umsetzt, mächtig zu werden. Es ist versucht worden, diesen »Stil« als eine Nachempfindung des späteren Empire zu deuten, aber es liegt näher, seine Dürftigkeit und Naivität auf das Wesen junger Gärten zurückzuführen und ihn als eine Frucht jener Frühlingskunst zu betrachten, die einen großen Raum in Heinrich Vogelers Schaffen einnimmt. Inzwischen hat auch dieses Stilgefühl sich erweitert und ausgebildet, und es kann sich besser durchsetzen, seit der Künstler sich die Kenntnis einzelner Stoffe erworben hat, seit er weiß, wie Seide und Silber, Holz und Glas behandelt werden müssen, wenn alle Besonderheiten und Tugenden des Materials sich entfalten sollen. Vielleicht war es der Mondschein über seinem Garten, der ihn zuerst auf das Silber hingewiesen hat, das er jetzt, wie ein Dichter seine Sprache, beherrscht. Er versteht dieses sanfte, wahlverwandte Metall und seine mädchenhafte Art wie kein zweiter. Der schöne Spiegel und die Leuchter, die nach seinem Entwurf hergestellt worden sind, können nur Silber sein; man denkt sie in Silber, wenn man sie abgebildet sieht. Wie er Metall überhaupt zu brauchen weiß, davon zeugt auch das prachtvolle Messing-Rosengitter des Kamins, das, indem es organisch aufwächst, zugleich wie ein Visier das Feuer durchschauen läßt, das sich dahinter erheben soll.

Die Ausführung von Spitzen war nur ein Schritt in gerader Linie über die Federzeichnungen hinaus: die Verwirklichung, welche ihnen am nächsten lag. Aber die Beschäftigung mit anderen Stoffen wies neben der Form immer wieder auf die Farbe hin. Und auch für die Farbe und die Farbendichte: das Bild – wußte der wachsende Garten vieles zu lehren.

Man weiß nicht, wie man ihn nennen soll. Er ist der Meister eines stillen, deutschen Marienlebens, das in einem kleinen Garten vergeht.

* *
*

Die Stürme des Frühlings gehen über das Land. Aber manchmal halten sie ein und es entsteht eine Stille. Es kommen Tage, da der ganze Himmel Regen ist, lauer hellgrauer Regen, – und die ganze Erde ein Empfangen und Halten dieses Regens, der sanft fällt, ohne sich wehe zu tun.

Und die Stunden gehen, und es gleicht keine der anderen. Und viele nahen, entfalten sich und schließen sich wieder, ohne daß jemand es sieht. Und man denkt manchmal, daß das die besten und seltsamsten sind, die am meisten Größe haben.

Es ist so vieles nicht gemalt worden, vielleicht alles. Und die Landschaft liegt unverbraucht da wie am ersten Tag. Liegt da, als wartete sie auf einen, der größer ist, mächtiger, einsamer. Auf einen, dessen Zeit noch nicht gekommen ist.

Frühlingsfieber

Frühlingsfieber

In den schollen der äcker und am rande der bäche haften noch einige schneespuren und von der eintönigen verschleierten ebene fliegen die krähen auf. Weisse wolkenstreifen strecken in den grauen vorjahrhimmel ihre totenhände. Gewichtig und lächerlich · grossen vögeln gleichend drehen sich einige dürre bäume auf einer bergeshalde im winde hin und her.

Die erinnerung an euch goldumrandete wolken – flatternde versprechungen – war verblasst als von neuem warme tage das blut in gefährliche wallung treiben und vom haus zu den hügeln von den feldern zu den flüssen jagen. Die sonnengebadeten höhen verletzen das auge das nur das graue verschlissene laub des vergangenen sommers betrachtet und die nacktheit der blütenbedeckten bäume die noch jedes grüns entbehren. Abends sind diese aber in den dunklen gärten hellblinkende schwankende gestalten …

Es ist natürlich dass auch einmal die gräber mich zum besuche laden. Zwei derselben sagen mir besonders zu: eines mit breiten edelkiefern die lauchgrüne spitze früchte tragen · ein andres wo eine verschleierte frau seit einem halben jahrhundert die kalte wohnung eines kindes beschüzt.

Nicht sehr fern ist es zu der düstren kleinen kirche auf einen vorsprung in den fluss gebaut deren scheiben und deren inneres zertrümmert sind und wo man ehemals messen las damit ein gewisser heiliger die leichen derer die dort herum ertranken länden lasse. Unter einer reihe von gebogenen verwitterten kreuzhölzern gehe ich ganz nah an den stom und ich ermüde das ohr am gleichmässigen geräusch und am flimmernden spiegel die augen die seit langem die lust verloren sich mit tröstenden tränen zu füllen.

In dieser paarung von müdigkeit und unruhe vereinige ich oft mit verdrehter freude die verschiedenartigsten ausschnitte zu einer landschaft und es scheint mir wenn plötzlich ein zitronengelber schmetterling durch die kahlen farbenlosen gefilde fliegt wie ein jäher entschluss mitten in unbestimmten wünschen und drängen.

Das ist mein Frühling

Kamine schießen auf vor meinem Fenster
Den Himmel sehe ich nur noch
Auf bunten Ansichtskarten
In der Dachrinne blüht Löwenzahn
Und Tränen unter meinen Lidern
Stärker als je duften die Narzissen
Der unschönen Tapete
Eine schwarze Katze schlägt Wurzeln im Dach
Und wächst wie meine Traurigkeit
Du aber bringst mir keine Bienen mehr
In deinen Goldlackaugen mit!

Dies ist mein Frühling!
Im roh möblierten Zimmer
Ein Frühling, dem kein Sommer folgen wird,
Ein Frühling ohne Mai:
Denn er trägt Trauerflor.

Frühling der Seele

Aufschrei im Schlaf; durch schwarze Gassen stürzt der Wind,
Das Blau des Frühlings winkt durch brechendes Geäst,
Purpurner Nachttau und es erlöschen rings die Sterne.
Grünlich dämmert der Fluß, silbern die alten Alleen
Und die Türme der Stadt. O sanfte Trunkenheit
Im gleitenden Kahn und die dunklen Rufe der Amsel
In kindlichen Gärten. Schon lichtet sich der rosige Flor.

Feierlich rauschen die Wasser. O die feuchten Schatten der Au,
Das schreitende Tier; Grünendes, Blütengezweig
Rührt die kristallene Stirne; schimmernder Schaukelkahn.
Leise tönt die Sonne im Rosengewölk am Hügel.
Groß ist die Stille des Tannenwalds, die ernsten Schatten am Fluß.

Reinheit! Reinheit! Wo sind die furchtbaren Pfade des Todes,
Des grauen steinernen Schweigens, die Felsen der Nacht
Und die friedlosen Schatten? Strahlender Sonnenabgrund.

Schwester, da ich dich fand an einsamer Lichtung
Des Waldes und Mittag war und groß das Schweigen des Tiers;
Weiße unter wilder Eiche, und es blühte silbern der Dorn.
Gewaltiges Sterben und die singende Flamme im Herzen.

Dunkler umfließen die Wasser die schönen Spiele der Fische.
Stunde der Trauer, Schweigender Anblick der Sonne;
Es ist die Seele ein Fremdes auf Erden. Geistlich dämmert
Bläue über dem verhauenen Wald und es läutet
Lange eine dunkle Glocke im Dorf; friedlich Geleit.
Stille blüht die Myrthe über den weißen Lidern des Toten.

Leise tönen die Wasser im sinkenden Nachmittag
Und es grünet dunkler die Wildnis am Ufer, Freude
im rosigen Wind;
Der sanfte Gesang des Bruders am Abendhügel.

Der kranke Bauer im Frühling

Er schleppt am Feldrand sich entlang,
sein Schritt ist müd, sein Auge bang.

Die Hand, die Seil und Schar geführt,
nur mühvoll noch den Gehstock rührt.

Er sieht das Korn im ersten Schuß
Und denkt: wie bald es fallen muß.

Er hört den Kuckucksschrei vom Wald
Und denkt: auch du verstummst nun bald.

Er hebt voll Schauern wie ein Kind
Die Nüstern in den Abendwind

Und schnuppert Apfelblütenduft
Und wittert Regen in der Luft

Und spricht, indes die Knie ihm beben:
Herr Gott!
Laß mich noch diesen Sommer leben.

Am Wegrand trabt er scheu vorbei,
macht rasch der Kreuzlein heilig Drei.

Den Unken lauscht er ganz verstört,
als ob er Grabgeläute hört.

Die Kinder überm Mühlbach schrein,
ihr Johlen rennt ihm hinterdrein:

»Der hat die Sucht und ist bald hin!«
Er denkt: das hab' ich selbst geschrien …

Nun tropft das Licht wie gelber Seim.
Die Knechte kehrn zum Nachtmahl heim.

Am Brunnen lang der Kranke sitzt,
darin der letzte Sonnstrahl blitzt –

Und spricht, indem sein Herz verzagt:
Herr Gott!
Daß mir der Tag noch einmal tagt –!

Der Woilach kratzt, die Kammer dampft.
Das Öl im Lämpchen tagwärts schrumpft.

Er hört auf nackten Sohlen den
Sohn aus der Mägdekammer gehn –

Und bittrer Zorn die Wang' ihm netzt,
Weil ihm die Unmacht ganz zerfetzt.

Dann hockt er still im Bett und lauscht:
So hat der Bach noch nie gerauscht – –

So rief der Kauz noch nie – und so
Noch nie die Nacht vorm Lichte floh.

Ein kühles Graun sein Herz betupft.
Die magre Hand am Deckbett zupft.

Er spricht – dieweil der Weckhahn schreit –:
Komm, guter Freund. Ich bin bereit!

Viola Tricolor

Schon brausten die ersten Frühlingsstürme um das Haus; die Stunde nahte.

– »Wenn ich's nicht überlebte,« dachte Ines, »ob er auch meiner dann gedenken würde?«

Mit scheuen Augen ging sie an der Tür des Zimmers vorüber, welches schweigend sie und ihr künftiges Geschick erwartete; leise trat sie auf, als sei darinnen etwas, was sie zu wecken fürchte.

Und endlich war dem Hause ein Kind, ein zweites Töchterchen geboren. Von außen pochten die lichtgrünen Zweige an die Fenster; aber drinnen in dem Zimmer lag die junge Mutter bleich und entstellt; das warme Sonnenbraun der Wangen war verschwunden; aber in ihren Augen brannte ein Feuer, das den Leib verzehrte. Rudolf saß an dem Bette und hielt ihre schmale Hand in der seinen.

Jetzt wandte sie mühsam den Kopf nach der Wiege, die unter der Hut der alten Anne an der andern Seite des Zimmers stand. »Rudolf,« sagte sie matt, »ich habe noch eine Bitte!«

– »Noch *eine*, Ines? Ich werde noch viel von dir zu bitten haben.«

Sie sah ihn traurig an; nur eine Sekunde lang; dann

flog ihr Auge hastig wieder nach der Wiege. »Du weißt,« sagte sie, immer schwerer atmend, »es gibt kein Bild von mir! Du wolltest immer, es solle nur von einem guten Meister gemalt werden – – wir können nicht mehr warten auf die Meisterhand. – Du könntest einen Photographen kommen lassen, Rudolf; es ist ein wenig umständlich; aber – mein Kind, es wird mich nicht mehr kennenlernen; es muß doch wissen, wie die Mutter ausgesehen.«

»Warte noch ein wenig!« sagte er und suchte einen mutigen Ton in seine Stimme zu legen. »Es würde dich jetzt zu sehr erregen; warte, bis deine Wangen wieder voller werden!«

Sie strich mit beiden Händen über ihr schwarzes Haar, das lang und glänzend auf dem Deckbett lag, indem sie einen fast wilden Blick im Zimmer umherwarf.

»Einen Spiegel!« sagte sie, indem sie sich völlig in den Kissen aufrichtete. »Bringt mir einen Spiegel!«

Er wollte wehren; aber schon hatte die Alte einen Handspiegel herbeigeholt und auf das Bett gelegt. Die Kranke ergriff ihn hastig; aber als sie hineinblickte, malte sich ein heftiges Erschrecken in ihren Zügen; sie nahm ein Tuch und wischte an dem Glase; doch es wurde nicht anders; nur immer fremder starrte das kranke Leidensantlitz ihr entgegen.

»Wer ist das?« schrie sie plötzlich. »Das bin nicht

ich! – Oh, mein Gott! Kein Bild, kein Schatten für mein Kind!«

Sie ließ den Spiegel fallen und schlug die mageren Hände vors Gesicht.

Da drang ein Weinen an ihr Ohr. Es war nicht ihr Kind, das ahnungslos in seiner Wiege lag und schlief; Nesi hatte sich unbemerkt hereingeschlichen; sie stand mitten im Zimmer und sah mit düsteren Augen auf die Stiefmutter, während sie schluchzend in ihre Lippe biß.

Ines hatte sie bemerkt. »Du weinst, Nesi?« fragte sie.

Aber das Kind antwortete nicht.

»Warum weinst du, Nesi?« wiederholte sie heftig.

Die Züge des Kindes wurden noch finsterer. »Um meine Mutter!« brach es fast trotzig aus dem kleinen Munde.

Die Kranke stutzte einen Augenblick; dann aber streckte sie die Arme aus dem Bett, und als das Kind, wie unwillkürlich, sich genähert hatte, riß sie es heftig an ihre Brust. »O Nesi, vergiß deine Mutter nicht!«

Da schlangen zwei kleine Arme sich um ihren Hals, und nur ihr verständlich, hauchte es: »Meine liebe, süße Mama!«

– »Bin ich deine liebe Mama, Nesi?«

Nesi antwortete nicht; sie nickte nur heftig in die Kissen.

»Dann, Nesi,« und in traulich seligem Flüstern sprach es die Kranke, »vergiß auch mich nicht! Oh, ich will nicht gern vergessen werden!«

– – Rudolf hatte regungslos diesen Vorgängen zugesehen, die er nicht zu stören wagte; halb in tödlicher Angst, halb in stillem Jubel; aber die Angst behielt die Oberhand. Ines war in ihre Kissen zurückgesunken; sie sprach nicht mehr; sie schlief – plötzlich.

Nesi, die sich leise von dem Bett entfernt hatte, kniete vor der Wiege ihres Schwesterchens; voll Bewunderung betrachtete sie das winzige Händchen, das sich aus den Kissen aufreckte, und wenn das rote Gesichtlein sich verzog und der kleine unbeholfene Menschenlaut hervorbrach, dann leuchteten ihre Augen vor Entzücken. Rudolf, der still herangetreten war, legte liebkosend die Hand auf ihren Kopf; sie wandte sich um und küßte die andere Hand des Vaters, dann schaute sie wieder auf ihr Schwesterchen. – –

Die Stunden rückten weiter. Draußen leuchtete der Mittagsschein, und die Vorhänge an den Fenstern wurden fester zugezogen. Längst schon saß er wieder an dem Bette der geliebten Frau, in dumpfer Erwartung; Gedanken und Bilder kamen und gingen; er schaute sie nicht an, er ließ sie kommen und gehen. Schon einmal früher war es so wie jetzt gewesen; ein unheimliches Gefühl befiel ihn; ihm war, als lebe er zum zweitenmal. Er sah wieder den schwarzen Totenbaum aufsteigen und mit den düsteren Zweigen sein ganzes Haus bedecken. Angstvoll sah er nach der Kranken; aber sie schlummerte sanft; in ruhigen Atemzügen hob sich ihre Brust. Unter dem Fenster, in den blühenden Syringen sang ein kleiner Vogel immerzu; er hörte ihn nicht; er war bemüht, die trügerischen Hoffnungen fortzuscheuchen, die ihn jetzt umspinnen wollten.

Am Nachmittag kam der Arzt; er neigte sich über die Schlafende und nahm ihre Hand, die ein warmer, feuchter Hauch bedeckte. Rudolf blickte gespannt in das Antlitz seines Freundes, dessen Züge den Ausdruck der Überraschung annahmen.

»Schone mich nicht!« sagte er. »Laß mich alles wissen!«

Aber der Doktor drückte ihm die Hand.

– »Gerettet!« – Das einzige Wort hatte er behalten. Er hörte auf einmal den Gesang des Vogels; das ganze Leben kam zurückgeflutet. »Gerettet!« – Und er hatte auch sie schon verloren gegeben in die große Nacht; er hatte geglaubt, die heftige Erschütterung des Morgens müsse sie verderben; doch:

Es ward ihr zum Heil,
Es riß sie nach oben!

In diese Worte des Dichters faßte er all sein Glück zusammen; wie Musik klangen sie fort und fort in seinen Ohren.

-- Immer noch schlief die Kranke; immer noch saß er wartend an ihrem Bette. Nur die Nachtlampe dämmerte jetzt in dem stillen Zimmer; draußen aus dem Garten kam statt des Vogelsangs nun das Rauschen des Nachtwindes; manchmal wie Harfenton wehte es auf und zog vorüber; die jungen Zweige pochten leise an die Fenster.

»Ines!« flüsterte er; »Ines!« er konnte es nicht lassen, ihren Namen auszusprechen.

Da schlug sie die Augen auf und ließ sie fest und lange auf ihm ruhen, als müsse aus der Tiefe des Schlafes ihre Seele erst zu ihm hinaufgelangen.

»Du, Rudolf?« sagte sie endlich. »Und ich bin noch einmal wieder aufgewacht!«

Er blickte sie an und konnte sich nicht ersättigen an ihrem Anblick. »Ines,« sagte er – fast demütig klang seine Stimme – »ich sitze hier, und stundenlang schon trage ich das Glück wie eine schwere Last auf meinem Haupte; hilf es mir tragen, Ines!«

»Rudolf –!« Sie hatte sich mit einer kräftigen Bewegung aufgerichtet.

– »Du wirst leben, Ines!«

»Wer hat das gesagt?«

– »Dein Arzt, mein Freund; ich weiß, er hat sich nicht getäuscht.«

»Leben! O mein Gott! Leben! – Für mein Kind, für dich!« – Es war, als käme ihr plötzlich eine Erinnerung; sie schlang die Hände um den Hals ihres Mannes und drückte sein Ohr an ihren Mund. »Und für deine – für eure, unsere Nesi!« flüsterte sie. Dann ließ sie seinen Nacken los, und seine beiden Hände ergreifend, sprach sie zu ihm sanft und liebevoll. »Mir ist so leicht!« sagte sie. »Ich weiß gar nicht mehr, warum alles sonst so schwer gewesen ist!« Und ihm zunickend: »Du sollst nur sehen, Rudolf; nun kommt die gute Zeit! Aber« – und sie hob den Kopf und brachte ihre Augen ganz dicht an die seinen – »ich muß teilhaben an deiner Vergangenheit, dein ganzes Glück mußt du mir erzählen! Und, Rudolf, *ihr* süßes Bild soll in dem Zimmer hängen, das uns gemeinschaftlich gehört; sie muß dabeisein, wenn du mir erzählst!«

Er sah sie an wie ein Seliger.

»Ja. Ines; sie soll dabeisein!«

»Und Nesi! Ich erzähl ihr wieder von ihrer Mutter, was ich von dir gehört habe; – was für ihr Alter paßt, Rudolf, nur das – –«

Er konnte nur stumm noch nicken.

»Wo ist Nesi?« fragte sie dann; »ich will ihr noch einen Gutenachtkuß geben!«

»Sie schläft, Ines,« sagte er und strich sanft mit der Hand über ihre Stirn. »Es ist ja Mitternacht!«

»Mitternacht! So mußt auch du nun schlafen! Ich aber – lache mich nicht aus, Rudolf – mich hungert; ich muß essen! Und dann, nachher, die Wiege vor mein Bett; ganz nahe, Rudolf! Dann schlaf' auch ich wieder; ich fühl's; gewiß, du kannst ganz ruhig fortgehen.«

Er blieb noch.

»Ich muß erst eine Freude haben!« sagte er.

»Eine Freude?«

»Ja, Ines, eine ganze neue; ich will dich essen sehen!«

– »O du!«

– Und als ihm auch das geworden, trug er mit der Wärterin die Wiege vor das Bett.

»Und nun gute Nacht! Mir ist, als sollte ich noch einmal in unseren Hochzeitstag hineinschlafen.«

Sie aber wies glücklich lächelnd auf ihr Kind.

– Und bald war alles still. Aber nicht der schwarze Totenbaum streckte seine Zweige über das Dach des Hauses; aus fernen goldnen Ährenfeldern nickte sanft der rote Mohn des Schlummers. Noch eine reiche Ernte stand bevor.

Eine Frühlingsnacht

Im Zimmer drinnen ist's so schwül;
Der Kranke liegt auf dem heißen Pfühl.

Im Fieber hat er die Nacht verbracht;
Sein Herz ist müde, sein Auge verwacht.

Er lauscht auf der Stunden rinnenden Sand;
Er hält die Uhr in der weißen Hand.

Er zählt die Schläge, die sie pickt,
Er forschet, wie der Weiser rückt;

Es fragt ihn, ob er noch leb' vielleicht,
Wenn der Weiser die schwarze Drei erreicht.

Die Wartfrau sitzt geduldig dabei,
Harrend, bis alles vorüber sei. –

Schon auf dem Herzen drückt ihn der Tod;
Und draußen dämmert das Morgenrot.

An die Fenster klettert der Frühlingstag.
Mädchen und Vögel werden wach.

Die Erde lacht in Liebesschein,
Pfingstglocken läuten das Brautfest ein;

Singende Bursche ziehn übers Feld
Hinein in die blühende, klingende Welt. –

Und immer stiller wird es drin;
Die Alte tritt zum Kranken hin.

Der hat die Hände gefaltet dicht;
Sie zieht ihm das Laken übers Gesicht.

Dann geht sie fort. Stumm wird's und leer;
Und drinnen wacht kein Auge mehr

Schwalbensiziliane

Zwei Mutterarme, die das Kindchen wiegen,
Es jagt die Schwalbe weglang auf und nieder.

Maitage, trautes Aneinanderschmiegen,
Es jagt die Schwalbe weglang auf und nieder.

Des Mannes Kampf: Sieg oder Unterliegen,
Es jagt die Schwalbe weglang auf und nieder.

Ein Sarg, auf den drei Handvoll Erde fliegen,
Es jagt die Schwalbe weglang auf und nieder.

Eine Mutter

Du Liebes.
Meine Arme halten dich
Wie einen Blumenkorb.
Ein Frühlingseiland: Weiße Hyazinthen,
Blaukrokus, honigfarben Märzenbecher,
Der seltnen Tulpe lilagraue Tinten.
Und deine Knospenaugen fallen auf wie Fächer
Und schau in mich.

Was siehst du da? Nur dich.
Und wieder dich.

Mein Kind.
Ich rühre dich mit Mund und Nüstern an
Wie schönes Obst auf einer Schale.
Da Herb und Süß sich neidlos mengt:
An Pflaumen, dunkelhäutige Ovale,
Sich würzig derbes Nußvolk purzelnd drängt,
Der Saftzitrone jüngferliche Fahle
Ein Traubenzweig mit glühnden Tropfen sprengt –
So rühre ich dich an.
Mein Kindlein!
Bist du, was ich sagen kann?

O Muschel, zartes Rauschen.
Freude, Sternenbild.
Ach alle Namen werden schal vor dir.
Ich schließe dich im Herzen ein
Wie einen Becher, den ich nicht zu nützen wage,
Aus Onyxstein.
Wie eine wunderbare Sage
Vom kupfernen und grünen Tier.
Und eine kleine Waffe wider dürre Tage.
Du Rosenquarz. Du Licht!

Ich spreche irr. Mein Dunkel ruft dich mir.
In meinem Tage bist du nicht.

Letztes Hoffen

Am Abend des 5. Mai saß Cornelie mit Corinna auf der Bank im Teehäuschen, von der aus die Straße bis zum Walde zu übersehen war. Seit drei Tagen war sie allabendlich um diese Stunde hierhergegangen, nachdem sie die Zeit von Sonnenaufgang an in rastloser Tätigkeit zugebracht hatte. Mit Hilfe der Mägde war sie dabei, mehrere Zimmer des Hauses für drei Kriegswaisenknaben einzurichten, die sie aufzunehmen gedachte. Handwerker aus dem benachbarten Städtchen waren schon an der Arbeit, dem ganzen ersten Stockwerk ein verändertes Aussehen zu geben. »Vielleicht bleibt es nicht bei Dreien«, hatte Cornelie der Freundin auf deren schüchtern geäußertes Erstaunen über den Umfang der Veränderungen geantwortet, »es wird viele Waisen geben nach diesem Krieg …«

Corinna hatte nicht geantwortet; mit keinem Wort versuchte sie das fieberhafte Tun einzudämmen. Aber wenn Cornelie ruhte, war sie in ihrer Nähe, und auf diesen Abendgängen blieb sie an ihrer Seite, ungeachtet der dunklen Schweigsamkeit, die Cornelie umgab wie eine Schicht fremder Luft; sie allein konnte darin atmen, und von ihr eingehüllt, schritt sie dahin gleich einer bereits Entrückten, die nur noch ein Gast in ihrem Eigentum ist.

Als die Frauen an jenem Abend des 5. Mai auf dem Hügel saßen und stumm nach dem Walde hinüberblickten, der wie eine schwarze Mauer vor dem kühlen grünlichen Himmel stand, löste sich eine Gestalt aus der Dunkelheit dieses Hintergrundes, und allmählich war die Erscheinung eines Reiters erkennbar, der sich auf müdem Tier langsam dem Dorf näherte. Es war ein kleines Pferd, und der Mann darauf schien des Reitens ungewohnt; er saß vornübergebeugt, sein langer weißer Mantel hing über den Sattel herab, und sein breiter Hut gab ihm das Aussehen eines Pilgers, dem es nicht eilt, an sein Ziel zu kommen.

Dennoch war er ein Pfeil, und das Ziel war ein Herz. –

Ohne ein Wort zu wechseln, hatten beide Frauen erkannt, daß es Vesper war, der da kam. Corinna rührte sich nicht. Erst als Cornelie sich erhob, – der Reiter hatte die Koppel erreicht – stand sie auf, aber sie wagte es nicht, in das Gesicht der anderen zu sehen. Sie folgte Cornelie, die in einer Art den Hügel hinabschritt, als würde sie fortgetragen und wüßte nichts von dem Boden unter ihren Sohlen. Dort, wo der Weg sich teilte, blieb sie stehen und fand ihre Stimme wie ein Instrument, dessen sie sich ehemals zur Verständigung bedient hatte, das ihr noch gehorchte und das sie – vielleicht noch eine Weile nötig haben würde wie diesen Körper, der ja noch um sie war.

»Gehen Sie ihm entgegen, Corinna«, sagte sie. »Bringen Sie ihn zu mir. Ich warte im Wohnzimmer.«

Hierauf ging sie allein über die Terrasse ins Haus. Doch war jemand neben ihr, dessen Nähe sie seit drei Tagen immer gespürt hatte, und er stützte sie jetzt: ganz deutlich fühlte sie seinen Arm. »Fürchte dich nicht, liebe Mutter«. sagte er. »Du weißt doch: ich kann gar nicht sterben ...«

Indem sie den Saal betrat, sagte sie laut vor sich hin: »Ja, Christoph, ja! Nur – solange ich noch hören – schmecken – fühlen muß – so lange ist es doch – schwer. Laß vergehen das Gesicht ...«

Das Wohnzimmer war jetzt dort, wo Dubslaw Tracht in seinen letzten Lebensjahren gehaust hatte. Sie ließ sich in dem Lehnstuhl am Fenster nieder. Hier, so erinnerte sie sich plötzlich, hatte sie in jener angstvollen Heimkehrstunde gestanden und auf den Vater gewartet. Sie starrte auf die Terrasse hinaus. Damals war doch die Taube wiedergekommen – die Taube, die dann geblieben war ...

Die Taube war doch der Heilige Geist ...

Sie sagte stumm: »Ich glaube an den Heiligen Geist – eine heilige, allgemeine christliche Kirche ...«

Die Haustür erklang – Schritte kamen den Flur herauf.

»Wenn ich zu Ende komme, ehe er das Zimmer betritt, bringt er Gutes«, dachte es verzweifelt in ihr.

»… die Gemeinschaft der Heiligen – Vergebung der Sünden – Auferstehung des Fleisches …«

Die Schritte hatten vor der Tür haltgemacht, lautlos wurde geöffnet; ein hoher Schatten, trat die Gestalt Vespers über die Schwelle.

»… Und ein ewiges Leben – ein ewiges Leben …« flüsterte Cornelie.

»Setzen Sie sich zu mir, Vesper«, hörte sie sich dann ganz sanft sagen, »und erzählen Sie mir, wie mein Junge gestorben ist.«

Es verging eine Weile in Schweigen, da Vesper zu stark weinte, um sprechen zu können. Cornelie saß still und blickte in den dämmrigen Garten. Zuweilen trocknete sie sich die Wangen; ihre Tränen flossen ohne Schluchzen, wie Blut aus einer Wunde.

Endlich begann Vesper mit Stocken.

Am 2. Mai, sagte er, sei es in Sachsen, nicht weit von Lützen, zu einer großen Schlacht gekommen. Es sei um mehrere Dörfer gegangen, und Blücher habe das Dorf Großgörschen den Franzosen gleich beim ersten Ansturm entrissen, es aber nicht behaupten können. Beim zweiten Angriff seien dann die Rhinowschen Jäger ins Treffen gekommen, und dabei …

»Ich war im Lager bei den Ambulanzen, wo es genug zu tun gab«, erzählte Vesper. »In dem ungeheuren Tumult, der herrschte, bei der fürchterlichen

Kanonade, die die Erde erbeben hieß, hatten wir alle nur noch Augen für einzelne Gliedmaßen und ihre Wunden, kaum noch für die Menschen selber. Dennoch erkenne ich plötzlich Fritz Dinnies und Achatz Rohr, die wieder ins Feuer zurückeilen. Achatz stürzt auf mich zu. ›Wir haben‹, schreit er mir ins Ohr, ›Christoph gebracht. Er ist verwundet. Sehen Sie nach ihm!‹ Ich suchte – mein Gott, ich fand ihn bald. Sie hatten ihn auf einen Rasenabhang neben andere gebettet; der Chirurgus war eben mit ihm beschäftigt gewesen, und ich sah ihn seinen Gehilfen anweisen, Christoph eine Decke zu geben. Seinem Gesicht sah ich an … Später hat er mir gesagt, die Kugel hätte im linken Lungenflügel gesteckt, und es wäre nichts zu machen gewesen; wahrscheinlich hätte eine langsame innere Verblutung stattgefunden. Christoph sah mich ganz freundlich an, als ich zu ihm trat; er schien kaum Schmerzen zu haben. Viel sprechen konnten wir nicht, obgleich er es wohl gewollt hätte. Aber er konnte nur flüstern, und es war ja so laut. Ich brachte ihm Wasser und ging immer wieder zu ihm; zuweilen schien er zu schlafen – dann lächelte er mich wieder ganz klar an. Einmal verstand ich, daß er sagte: ›Die Uniform ist kaputt – schade! Tut aber nicht mehr weh …‹ Ich machte ihm verständlich, daß er nun bald nach Hause kommen würde, worauf er hauchte: ›Schön!‹ Dann verlangte ein Kapitän, den sie neben ihn gelegt hatten und der schrecklich litt, ich sollte ihm das Abendmahl reichen, und als ich es tat, bot ich es auch den anderen an, die dort lagen. Zuletzt kniete ich neben Christoph, und seine Augen baten mich, ihn nicht auszuschließen. Ich habe es ihm dann gereicht, auch den Kelch – und dann ist er bald ganz eingeschlafen – mit Lächeln …«

Das Zimmer war nun völlig dunkel, und es blieb sehr lange still, als Vesper geendet hatte. Endlich fragte Cornelie mühsam:

»Wann war das? Um welche Zeit?«

»Es war zwischen fünf und sechs Uhr abends.«

»Zwischen fünf und sechs«, sagte Cornelie, als bestätige sie sich selbst etwas.

»Die Schlacht ging bis tief in die Nacht«, sagte Vesper. »Wir konnten erst gegen Morgen daran denken, die Toten zur Ruhe zu bringen. Ach, längst nicht alle! Ja, viele Frauen weinen in diesen Tagen gleich Ihnen, gnädige Frau! Aber es waren«, – ein bitterer Ton war in seiner Stimme – »doch einige auch davongekommen. Solger – Fritz Dinnies – sie fanden sich ein, um mir zu helfen. Nur Freunde haben Christoph berührt. Wir gruben ihm das Grab dort, wo er gestorben war. Es stehen ein paar Birken da – er liegt gut …«

»Er liegt gut …« wiederholte Cornelie für sich.

Vespers Stimme klang sehr hilflos, als er wieder begann: »Ich darf es nicht versuchen, Ihnen Trost anzubieten, Frau von Echter. Aber dies müssen Sie doch wissen: Christoph ist der glücklichste Mensch gewesen, den ich gekannt habe. Nicht im banalen Sinn, sondern – ich kann es nicht anders ausdrücken – weil er Gnade bei Gott und den Menschen hatte.«

»Das ist wahr. Ich habe ihn mir ja auch vom Himmel herabgezogen!« sagte Cornelie irr in die Nacht hinaus.

Vesper wartete demütig, ob sie etwas hinzufügen würde. Dann sprach er leise: »Und Gott zog ihn wieder zu sich, ehe die Qual der Welt ihm etwas anhaben konnte ...«

Cornelie fragte flehend: »Er hat es nicht mehr erfahren, Vesper? Sie wissen es, was ich meine!«

»Ich habe es jetzt auf der Durchreise in Berlin gehört«, antwortete Vesper gepreßt. »Nein, gnädigste Frau – er ahnte es nicht.« Noch am Abend vor der Schlacht sprach er von einem Wiedersehen in Leipzig. Er war so still, so froh an jenem Abend. Und als er starb, wußte er nicht, daß das der Tod war, und er glaubte, daß die Unseren den Sieg hätten.«

»Es war kein Sieg?« fragte Cornelie.

Vesper zögerte. »Kein voller Sieg«, sagte er. »Die Waage schwankte. Wir kämpfen weiter.«

Lange Zeit blieb es wieder still.

Endlich sagte Cornelie:

»Ihr kämpft weiter, und wir – leiden weiter ...«

Vesper antwortete leise und ehrerbietig:

»Aber der Tag wird kommen – und er *muß* kommen – da die Tränen der Frauen stark genug sein werden, um gleich einer Flut das Feuer des Krieges für ewig zu löschen. Der Tag, da der Geist – die Taube – unter dem heiligen Regenbogen über der wiedergeborenen Erde schwebt – und dann …«

Ein altes Wort von Valdemaire ging Cornelie im Herzen auf, und sie sagte es mit gebrochener Stimme:

»Dann setzt der Sohn der Mutter die Krone aufs Haupt.«

Im Frühling

Leise sank von dunklen Schritten der Schnee,
Im Schatten des Baums
Heben die rosigen Lider Liebende.

Immer folgt den dunklen Rufen der Schiffer
Stern und Nacht;
Und die Ruder schlagen leise im Takt.

Balde an verfallener Mauer blühen
Die Veilchen,
Ergrünt so stille die Schläfe des Einsamen.

Nicht alle Schmerzen sind heilbar

Nicht alle Schmerzen sind heilbar, denn manche
  schleichen
Sich tiefer und tiefer ins Herz hinein,
Und während Tage und Jahre verstreichen,
Werden sie Stein.

Du sprichst und lachst, wie wenn nichts wäre,
Sie scheinen zerronnen wie Schaum.
Doch du spürst ihre lastende Schwere
Bis in den Traum.

Der Frühling kommt wieder mit Wärme und Helle,
Die Welt wird ein Blütenmeer.
Aber in meinem Herzen ist eine Stelle,
Da blüht nichts mehr.

Frühling im Regen

Frühling, laß den Regen fallen!
Mach den Raum mir zu dem Fenster,
das ich nie mit Kräften, allen,
trocken wische! Laßt mich lallen,
Ohnmacht und ihr Gramgespenster!

Wenn der Tau ein Blatt beglänzte,
sahen es die anderen Augen,
sprachen von dem Lichte; taugen
kann nichts, da es wieder lenzte,
dem der sich mit Gram bekränzte.

Laßt mir Worte, die ich sagen
Will mit dieses Regens Spuren!
Und wie Tropfen blitzend fuhren
An mein Fenster, Himmelsfluren
Will ich sehen nicht, nur sagen.

Der letzte Ton fehlt dem Goldammermännchen zum Liede

Frühling

Im vergangenen Frühjahr stand ich einmal kurz vor dem Mittagessen, im Begriff, in die Stadt hinunterzugehen, auf halber Bergeshöhe, von wo man einen so schönen Ausblick auf das Land genießt. Die feuchte Erde duftete nach Frühling; ich war eben aus dem Tannenwald getreten und stand nun bei einem Gestrüpp oder Gesträuche still, auf dessen dornigem Gezweig sich ein kleiner Vogel aufhielt, der den Schnabel weit offen hatte, daß es wie eine Schere aussah, mit der jemand irgendetwas entzweischneiden will. Offensichtlich war der zarte, kleine Kerl auf dem Zweige bemüht, sich im Singen einzuüben, indem er sich bestrebte, seine Kehle zu lösen. Alles um mich herum war so schön, so süß, so freundlich. Ein zartes heiteres Ahnen, ein Frohlocken, ein noch nicht gelöstes Entzücken, ein noch ungehörtes und noch nicht befreites Jubilieren machte sich überall spür- und hörbar. Ich sah den Frühling im geöffneten Schnäbelchen des Vogels, und als ich einige Schritte, da es von unten herauf schon Mittag läutete, weiterging, sah ich den süßen, lieben, göttlichen Frühling in einer andern, noch ganz andern Gestalt. Eine arme, alte Frau, gedrückt und gebeugt von den Jahren, saß auf einem Mäuerchen und schaute still vor sich, als sei sie in lange Erinnerungen versunken. So weich war die Luft und so mild die gütige Sonne. Das alte Mütterchen saß da und sonnte sich in der Sonne. »Nun ist der Frühling wieder da«, sang es in aller Luft, aus allen Ecken und Enden.

Nennen wir es Frühlingslied

In das Dunkel dieser alten, kalten
Tage fällt das erste Sonnenlicht.
Und mein dummes Herz blüht auf, als wüßt es nicht:
Auch der schönste Frühling kann nicht halten,
Was der werdende April verspricht.

Da, die Amseln üben schon im Chor,
Aus der Nacht erwacht die Welt zum Leben,
Pans vergessenen Flötenton im Ohr …
Veilchen tun, als hätt' es nie zuvor
Laue Luft und blauen Duft gegeben.

Die Kastanien zünden feierlich
Ihre weißen Kerzen an. Der Flieder
Bringt die totgesagten Jahre wieder,
Und es ist, als reimten alle Lieder
Sich wie damals auf »Ich liebe dich«.

– Sag mir nicht, das sei nur Schall und Rauch!
Denn wer glaubt, der forscht nicht nach Beweisen.
Willig füg ich mich dem alten Brauch,
Ist der Zug der Zeit auch am Entgleisen –
Und wie einst, in diesem Frühjahr auch
Geht mein wintermüdes Herz auf Reisen.

An meinen ältesten Sohn

Die Winterlinde, die Sommerlinde
Blühen getrennt –
In der Zwischenzeit, mein lieber Sohn,
Geht der Gesang zu End.

Die Schwalbenwurz zieht den Kalk aus dem Hügel
Mit weißen Zehn,
Ich kann es unter der Erde
Im Dunkeln sehn.

Ein Regen fleckt die grauen Steine –
Der letzte Ton
Fehlt dem Goldammermännchen zum Liede.
Sing du ihn, Sohn.

Blühende Bäume

Was singt in mir zu dieser Stund
Und öffnet singend mir den Mund,
Wo alle Äste schweigen
Und sich zur Erde neigen?

Was drängt aus Herzensgrunde
Wie Hörnerschall zutag
Zu dieser stillen Stunde,
Wo alles träumen mag
Und träumend schweigen mag?

An Ästen, die sich neigen,
Und braun und dunkel schweigen,
Springt auf die weiße Blütenpracht
Und lacht und leuchtet durch die Nacht

Und bricht der Bäume Schweigen,
Daß sie sich rauschend neigen
Und rauschend ihre Blütenpracht
Dem dunklen Grase zeigen!

So dringt zu dieser stillen Stund
Aus dunklem, tiefem Erdengrund
Ein Leuchten und ein Leben
Und öffnet singend mir den Mund

Und macht die Bäum erbeben,
Daß sie in lichter Blütenpracht
Sich rauschend wiegen in der Nacht!

Vorfrühling

Leise tritt auf …

Nicht mehr in tiefem Schlaf,
In lichtem Schlummer nur
Liegt das Land:
Der Amsel Frühruf
Spielt schon liebliche
Morgenbilder ihm in den Traum

Verloren im Raume
Ein erster Vogelruf.

Doch schwer hinschnaubend
Durchs dampfende Marschland,
Mit dem Eisen durchwühlt's
Der gewaltige Stier,
Und festen Tritts hinter ihm
Schreitet der Mensch,
Die Körner schleudernd,
Wo auseinander
Mit schwarzroten Wellen
Schäumt der Grund.

Regenschwanger
Der Himmel darüber,
Breitlagernd
In schlafender Kraft.

Der Frühling ein riesiger Specht

Der Frühling
ein riesiger Specht
hat alle Bäume verwundet.
Quellende Schnittflächen leuchten
wo das dunkle Skelett
Auf die blaue Wirklichkeit trifft.

Und wie ich hinaufsehe
und du
geliebte Wunde schmerzst und quillst,
erscheint auf dem Blau
atembestürzend
ein blutroter Fleck
nicht größer als eine Hand
und ich weiß nicht
ist es mein Herz
oder ein Kardinal
der hoch in den Zweigen sitzt
und singt.

Die blauen Frühlingsaugen

Die blauen Frühlingsaugen
schau'n aus dem Gras hervor;
das sind die lieben Veilchen,
die ich zum Strauß erkor.

Ich pflücke sie und denke,
und die Gedanken all',
die mir im Herzen seufzen,
singt laut die Nachtigall.

Ja, was ich denke, singt sie
lautschmettend, daß es schallt;
mein zärtliches Geheimnis
weiß schon der ganze Wald.

Die Amseln haben Sonne getrunken

Die Amseln haben Sonne getrunken,
aus allen Gärten strahlen die Lieder,
in allen Herzen nisten die Amseln,
und alle Herzen werden zu Gärten
und blühen wieder.

Nun wachsen der Erde die großen Flügel
und allen Träumen neues Gefieder;
alle Menschen werden wie Vögel
und bauen Nester im Blauen.

Nun sprechen die Bäume in grünem Gedränge
und rauschen Gesänge zur hohen Sonne,
in allen Seelen badet die Sonne,
alle Wasser stehen in Flammen,
Frühling bringt Wasser und Feuer
liebend zusammen.

Beate und Mareile

Es war Mai geworden. Frau Ziepe saß müßig und gedankenvoll in ihrem Wohnzimmer. Vater Ziepe kam zum Zehnuhrfrühstück heim. »Na, Imbiß her!« rief er sehr laut. Frau Ziepe holte Schnaps und Wurst, aber so vornehm und ergeben, daß ihr Mann sie fragte: »Was is wieder los?« »Mareile hat geschrieben«, antwortete sie und machte ihr unzufriedenes Gouvernantengesicht. »So, unsere Malerin«, Ziepe lachte breit. »Stimmt's da nich? Oder kommt's Kind?«

Dieses Lachen, der Stallgeruch, alles verletzte Frau Ziepe heute an ihrem Manne, und sie wurde um so vornehmer.

»Mein Gott! Ich versteh's selbst nicht recht. Es sind Nuancen. Aber mir ist so bang.«

»Nuancen – Unsinn, Mama!« fuhr Ziepe auf. »Zanken sie sich, oder läuft er zu Frauenzimmern, oder was ist?«

Frau Ziepe weinte jetzt. »Sie schreibt von dem großen Mißverständnis ihrer Ehe und von Recht auf Freiheit – und Enttäuschung – ich weiß nicht – aber gut ist das nicht.«

»Quatsch«, donnerte Ziepe. »Schreib' ihr, ich hab' dich auch enttäuscht, das is man so … und wenn eine 'nen Mann hat, soll sie ihn halten, Männer sind heutzutage rar. Das sag' ich, Vater Ziepe, und basta.« Er goß einen Gilka herunter und ging zu seiner Mistfuhre hinaus. –

Auch im Schloß erregte Mareiles seltsame Ehegeschichte alle. Die Gräfin Blankenhagen, in einem Reitkleide in der Art des Großen Kurfürsten und in Begleitung ihrer Tochter Ida und deren Gemahls Egon Sterneck, kam eigens von Steindorf herüber, um zu sehen, was für Gesichter die Kaltiner zu Mareiles Ehegeschichte machen würden.

Tatsache war, daß Mareile ganz plötzlich ihre Ehe gelöst hatte und zu der Fürstin Elise gezogen war. Hans Berkow war im Unrecht, das stand fest. Was er getan hatte, wußte man nicht, aber für die Gesellschaft war er ein toter Mann. Um Mareile zu heben, mußte Hans Berkow sehr tief hinabgedrückt werden. Die five o'clocks der Fürstin Elise waren sehr besucht. Eine jede wollte Mareile schön und unumwunden über ihre Ehe sprechen hören. All diese Frauen, die ihre Ehen vor der Öffentlichkeit mit weißen Schleiern zu verhängen liebten, sie konnten sich an Mareiles Evangelium von der Pflicht der Empörung gegen den Mann, der die Frau nicht zur Liebe zu zwingen versteht, nicht satt hören. »Man muß diese entzükkende Frau selbst sprechen hören«, berichtete Ida Sterneck. »Sie sagt – wie sagt sie doch? Sie sagte: ›Wenn der Mann die Frau nur so als die Schönheitslinie zu seinem Gebrauche ansieht – dann – dann entwürdigt sich die Frau.‹«

»Das sind so Redensarten unserer guten Fürstin«, meinte die Baronin.

»Nein aber«, drängte die Gräfin Blankenhagen, »es müssen doch Geschichten passiert sein. Wenn eine Ehe auseinandergeht, müssen doch Geschichten da sein, nicht wahr?«

Da begann Günther zu sprechen, spöttisch und erregt: »Geschichten, meine gnädige Frau Gräfin, werden Sie noch genug darüber zu hören kriegen. Daß Mareile aber keine Geschichten nötig hat, um zu handeln, das ist das Große an dieser Frau. Ja, bitte, wenn Sie in einem Brief einen Satz angefangen haben, und Sie merken, der geht so nicht weiter, der gibt keinen Sinn, dann streichen Sie ihn durch, nicht? Na also! Grad so macht's Mareile. Der Anfang mit Hans Berkow gibt ihr keinen rechten Sinn. Gut, sie macht ihren Strich darüber, so 'nen dicken, schwarzen Strich, wissen Sie, mitten durch den armen Hans durch ... und sie wird einen besseren Satz anfangen.«

»Ach, sprecht nicht so von meinem armen Kinde!« klagte Seneïde, und ihre fanatischen Augen wurden feucht.

»Ja, eigene Sache«, schnarrte Egon Sterneck. »Das mit dem Strich, ganz hübsch. Nur wenn das Mode wird, ich meine bei unseren Frauen –«

»Unseren Frauen!« wiederholte Günther verwundert, »wer spricht denn von unseren Frauen? Ich spreche doch von den Mareilen.«

»Hm – ja so!«

Wie einst vor einem Jahre stieg Mareile an der kleinen Kaltiner Station aus dem Zuge. »Wieder kein Wagen, ich bin untröstlich, Signora, gnädige Frau«, sagte der Stationsvorsteher Ahlmeyer, »und bei Ihrer Abneigung gegen meinen Fuchs, na ja, spatlahm, freilich ...«

So wanderte Mareile denn wieder über die Heide. Die Sonne ging hinter den Hügeln unter. Ein angenehmer Wind, voll von dem Dufte der Wacholderbüsche, wehte. Mareiles Gesicht war schmaler geworden. In die hellen, blühenden Farben hatte sich etwas wie ein bleiches Leuchten gemischt. Die Augen, die »durstig machenden Augen«, wie Hans Berkow sagte, schienen größer und reicher an Licht. Das Leben hatte auf dieser Schönheit die Spuren einer erregenden Erkenntnis zurückgelassen. Ja, heute war sie eine andere als damals, heute lächelte sie still vor sich hin, als genieße sie die süße Reife der eigenen Seele.

Der arme Hans! Er hatte sie in seiner Art geliebt, wie solch' eine morsche, abgetakelte Seele lieben kann. Sie konnte ihn nicht brauchen. Aber er hatte sie sehr stark begehrt und hatte sie ihre Sinne verstehen gelehrt, und erst, wenn ein Weib seine eigene Sinnlichkeit versteht, versteht es sich selbst. »Weißt du«, hatte Mareile zu Hans in Bordighera gesagt, in jenen wunderlich traumhaften Tagen des Eheanfangs, in denen Geist und Körper fiebern. »Weißt du, warum wir Mädchen, die auf den Schlössern aufwachsen, so dumm über die Liebe denken? Weil dort bei dem Gerede über die Liebe immer der Körper unterschlagen wird.«

»Das will ich meinen!« hatte Hans geantwortet. »Glaubst du, Diotima hätte so fein über die Liebe gesprochen, wenn sie von Tante Seneïde erzogen wäre?«

Eine glasige, graue Dämmerung sank auf das Land nieder. In der Kirche wurde der Sonntag eingeläutet. Unten auf der Dorfstraße tobten die Kinder vor dem Schlafengehen. Blonde Köpfe und nackte Beine legten helle Flecke in die Dämmerung. Nebel erhoben sich auf den Wiesen, spannen das Land in kühle Schleierstreifen ein. Im Felde begann eine Wachtel zu schnarchen, eintönig und unermüdlich, als spräche sie im Traum von unendlichen Kornfeldern. Das ergriff Mareile. So war's gut; hier wollte sie ruhen, bis das Erlebnis kam, das ihrer würdig wäre.

Über dem Schlosse stand der Mond. Aus den Fenstern drangen Stimmen und Klaviertöne, der hübsche Lärm jenes Lebens, das Mareile einst so schmerzhaft geliebt hatte.

Die Fenster des Inspektorhauses waren dunkel. Leise öffnete Mareile die Stubentür. Das Wohnzimmer war leer. Aus dem Schlafzimmer der Kinder aber klang Frau Ziepens Stimme. Sie sang ein Wiegenlied, müde und eintönig. Behutsam ging Mareile vor. Da saß die Mutter zwischen den Betten der Zwillinge. Etwas Mondlicht fiel in die matten Augen und auf die spitzen Züge des Gesichtes. Ihr zu Füßen kauerte die fünfzehnjährige Lene im Hemde. Den Kopf auf die Knie der Mutter gestützt, schlief sie. Mareile näherte sich leise und sank dann neben ihrer Mutter nieder. »Mareiling«, sagte Frau Ziepe tonlos; sie lehnte ihr heißes, eingefallenes Gesicht an Mareiles kühle Wange und weinte.

Auch Lene erwachte. Sie verstand nicht, was vorging, warum es wie Seide rauschte, warum es süß nach Orchideen duftete, warum Goldsachen im Mondschein flimmerten, bis auch sie die Arme ausbreitete und mit dem Seufzer schlaftrunkener Kinder »Mareiling« flüsterte.

Der Zauberer im Frühling

Der in der Weidenhöhle wohnt,
er schreitet im Nachmittagsmond,
wenn leis die Flußmusik ertönt
und den verschilften Weg verschönt.

Er schleift im Kreis den langen Rock,
die Hand am krummen Wurzelstock,
und wippt und wirft vom weidnen Ast
die zeisiggrüne Vogellast.

Wie Hagel durch die Hecken klirrt,
von blitzenden Libelln umschwirrt,
steigt er durch Lattich und Geäst,
die Enten jagend aus dem Nest!

Den Stock stößt er ins Muschelweiß,
die Unke ruft im Wasserkreis.
Die Fische ziehn um seine Hand,
löst er die Algen aus dem Sand.

Er bläst auf Gras, sein Lockruf schnalzt,
im Rohr die Bekassine balzt.
Er hebt die Trommel aus dem Arm
und paukt empor den Vogelschwarm.

Die Schritte tönen grillenlaut,
und wiesenblütig raucht das Kraut,
die Mückenwolke summt am Hang,
wiegt er sich im Windzaubergang.

Um totes Holz geht er und pocht,
die Grube alter Früchte kocht.
Die Wespen singen drüber wild,
bis Harz und Honig süßer quillt.

Er teilt das Schilf, das Zittergras
und schwingt den Mond, die Sichel blaß,
und schlägt die Flamme der Salbei
blau brennend in den Kuckucksschrei!

Zerstöbert weht das Blätterdach.
Die grüne Echse raschelt nach.
Ins Weidicht steigt er, wo er haust,
laut paukend, daß der Wind erbraust.

Doch blau und leuchtend
wird der Sommer stehn

Anemone

Erschütterer –: Anemone,
die Erde ist kalt, ist Nichts,
da murmelt deine Krone
ein Wort des Glaubens, des Lichts.

Die Erde ohne Güte,
der nur die Macht gerät,
ward deine leise Blüte
so schweigend hingesät.

Erschütterer –: Anemone,
du trägst den Glauben, das Licht,
den einst der Sommer als Krone
aus großen Blüten flicht.

Tulpen

Sie stehen vor mir in der weißen Vase auf dem Schreibtisch, die drei roten Tulpen. Das Abendlicht scheint durch ihre langen, lichtgrünen Schilfblätter, leuchtet durch die Wunderpracht ihrer großen, runden, von Sonne und Zimmerwärme weitgeöffneten Kelche wie durch die bunten Radfenster einer gotischen Kirche. Herrlichstes Rosenrot glüht auf in den eirunden, sanftgeschwungenen Blütenblättern, die ein weißer Doppelstreif in der gewölbten Mitte durchflammt. In jedem Streifen mündet am Grunde der spitze, violette Zackenrand des großen, weißen Mittelsterns, aus dem sahnegelb, schwer und kantig der Stempel steigt mit der dreigezackten, lichten Krone, den die sechs tiefschwarzen, schmalen Staubträger umstehen, deren Pollen leuchtend königsblaue Linien auf den weißen Stern ziehen. Jede zarteste Äderung ist in den strahlenden, hellroten Blütenblättern zu erkennen; sie scheinen dünner als ein Mohnblatt und sind trotz ihres Seidenglanzes doch glatt und fest wie ein ganz feines Leder. Immer herrlicher entfalten sich zwei der wundervollen Blumen, die ich vor Tagen schon als schmale, strenggeschlossene Knospen erhalten habe. Aber die dritte neigt plötzlich beim allerletzten Abendsonnenstrahl ihr Haupt. Seltsam bewußt ist ihre Gebärde, das Senken des biegsamen, lichtgrünen Stiels, das Schließen der welkenden Blüte. Der weiße Grundstern ist außen nur ein lichteres Flammen, über das hier bis zur Spitze des zu schmalen Blütenblatts ein derberer grüner Streifen läuft, der wie ein Hüllblatt am Stiel weiterführt. Und aus ihm springt noch einmal wie ein Sporn ein winziges, lichtrotes, weißdurchströmtes Blütenblättchen, erstes, einziges Zeichen der Entartung an diesen hochgezüchteten Nachkommen der Steppentochter Tulipa.

Jedes Jahr um diese Zeit lebe ich in einem stillen Glück über ihre Schönheit. Und jedes Jahr, wenn die letzten Darwintulpen abgeblüht haben, vergesse ich sie über der ersten Päonie, den Rosen, den Dahlien, bis am Heiligen Abend die allererste kleine wie ein ganz dünnschaliges, rotweißes Osterei mit gelbblassen Blättern, die sich unter eingespießten Tannenzweigen verkriechen, auf meinem Gabentischchen steht und ihr Frühlingsliedchen singt, das in der Wärme der Christbaumkerzen, erschrocken über seine Vorwitzigkeit, allzubald verklingt.

Trost

Unsterblich duften die Linden –
Was bangst du nur?
Du wirst vergehn und deiner Füße Spur
Wird bald kein Auge mehr im Staube finden.
Doch blau und leuchtend wird der Sommer stehn
Und wird mit seinem süßen Atemwehn
Gelind die arme Menschenbrust entbinden.
Wo kommst du her? Wie lange bist du noch hier?
Was liegt an dir?
Unsterblich duften die Linden –

Die getreue Antigone

Das Grab lag zwischen den Schrebergärten, ein schmaler Weg lief daran vorbei und erweiterte sich an dieser Stelle wie ein versandetes Flußbett, das eine Insel umschließt. Das Holzkreuz fing schon an zu verwittern; seine Buchstaben R. I. P. waren vom Regen verwaschen, der Stahlhelm saß schief darüber und war wie ein Grinsen, mit welchem der Tod noch immer Wache hielt. Gießkanne, Hacke und Rechen lagen an seiner Seite, das Mädchen Carola stellte den Spankorb mit den Stiefmütterchenpflanzen, die es ringsherum einsetzen wollte, ab und wandte sich zu seinem Begleiter, der ihr gelangweilt zusah und unter der vorgehaltenen Hand das Streichholz anrätschte, um seine Camel im Mundwinkel anzuzünden.

Kein Lüftchen. Der Frühling, an Frische verlierend, ging schon über in die Verheißung des Sommers, der Flieder verblühte, die einzelnen Nägelchen bräunten und begannen, sich aus Purpur und Lila in die Farbe des Fruchtstandes zu verwandeln, der Rotdorn schäumte gewalttätig auf, die Tulpenstengel, lang ausgewachsen, trugen die Form ihrer Urne nur noch diesen Tag und den nächsten – dann war auch das vorbei. Eine häßliche alte Vase und zwei kleine

Tonschalen dienten dazu, den Blumenschmuck aufzunehmen – jetzt waren Maiglöckchen an der Reihe, Narzissen, die einen kränklichen Eindruck machten, und Weißdorn, der das Gefühl einer Fülle und Üppigkeit zu erwecken suchte, die zu dem unangenehmen Geruch seiner kleinen, kurzlebigen Blüten in seltsamem Gegensatz stand.

»Wenn der Rot- und Weißdorn vorüber ist, kommt eine Zeitlang gar nichts«, sagte Carola, bückte sich und leerte das schmutzige Wasser aus beiden Schalen aus, füllte sie wieder mit frischem Wasser und seufzte vor sich hin.

»Rosen«, sagte der junge Bursche. »Aber die sind noch nicht da. Du hast recht: dazwischen kommt gar nichts. Ein paar Ziersträucher höchstens, rosa und gelbe, aber die Zweige müßte man abreißen, wo man sie findet –«, er blinzelte zu ihr hin.

»Nein«, sagte sie rasch.

»Nicht abreißen? Nein? Dann muß der da unten warten, bis wieder Rosen blühen.« Er lachte roh und verlegen auf; das Mädchen begann das Grab zu säubern, die herabgefallenen Blütchen sorgfältig aufzulesen und die Seitenwände des schmalen Hügels mit Hacke und Händen gegen den Wegrand genauer abzugrenzen. (So hat sie wohl schon als kleines Mädchen auf dem Puppenherd für ihre Ella und Edeltraut Reisbrei gekocht, Pudding und solches Zeug, schoß es ihm durch den Sinn.) Wieder mußte er lachen; sie blickte mißtrauisch auf und unterbrach ihr Hantieren; wirklich war es, als ob auf dem Grab, das die Weißdornblüten bedeckten, Zucker verschüttet wäre, oder spielende Kinder hätten vergessen, ihr Puppengeschirr, als die Mutter sie rief, mit in das Haus zu nehmen.

»Gib den Korb mit den Pflanzen her«, sagte Carola. »Ich will sie jetzt einsetzen. Auch den Stock, um die Löcher in die Erde zu machen, immer in gleichem Abstand –«, sie war vor Eifer ganz rot. »Hol ihn dir selber«, sagte der Bursche und drückte an einem morschen Pfahl die Zigarette aus. »Ein Blödsinn, was du da treibst.«

»Was ich treibe?«

»Na – dieses Getue um das Soldatengrab. Immer bist du hierher gelaufen. September, Oktober: mit Vogelbeeren; November, Dezember: mit Stechpalmen, Tannen; hernach mit Schneeglöckchen, Krokus und Zilla. Und das alles für einen Fremden, von dem du nicht einmal weißt –«

»Was weiß ich nicht?«

»Was er für einer war.«

»Jetzt ist er tot.«

»Vielleicht ein SS-Kerl.«

»Vielleicht.«

»Ja, schämst du dich eigentlich nicht?« brauste der Bursche auf. »Deinen ältesten Bruder haben die Schufte in Mauthausen umgebracht. Wahrscheinlich hat man ihn –«

»Sei doch still!« Sie hielt sich mit verzweifeltem Ausdruck die Hände an die Ohren; er packte sie an den Handgelenken und riß sie ihr herunter, sie wehrte sich, keuchte, ihre Gesichter waren einander ganz nahe, plötzlich ließ er sie los.

»Tu, was du willst. Es ist mir egal. Aber ich bin es satt. Adjö –.«

»Du gehst nicht!«

»Warum nicht? Du hast ja Gesellschaft. Ich suche mir andere.«

»Die kenne ich«, sagte das Mädchen erbittert. »Die von dem Schwarzen Markt.«

»Und wenn schon? Der Schwarze Markt ist nicht schlimmer als deine Geisterparade. Gespenster wie dieser da … Würmer und Maden.« Er deutete mit dem Kopf nach dem Grab, das nun, vielleicht weil Hacke und Rechen, während sie beide rangen, quer darüber gefallen waren, einen verstörten Eindruck machte und ein Bild der Verlassenheit bot. »Komm«, sagte der Bursche besänftigt. »Ich habe Schokolade.«

»Die kannst du behalten.«

»Und Strümpfe.« Schweigen. »Und eine Flasche Likör.«

»Warum lügst du?« fragte das Mädchen kalt.

»Nun, wenn du weißt, daß ich lüge«, sagte der Bursche gelassen, »kann ich ja aufhören. Oder meinst du, das Lügen macht mir Spaß?«

»Dann lügst du also aus Traurigkeit«, sagte Carola kurz.

Sie schwiegen, die Nachmittagssonne brannte, in der Luft war ein Flimmern wie sonst nur im Sommer, ein flüchtiges Blitzen, der leise Schrei und das geängstigte Seufzen der mütterlichen Natur. Ein Stück niedergebrochenen Gartenzauns lag am Wegrand, sie setzten sich beide wie auf Verabredung nieder, der junge Mann zog Carola an sich und legte wie ein verlaufener Hund den Kopf in ihren Schoß. Sie saß sehr gerade und starrte mit aufgerissenen Augen nach dem Soldatengrab.

»Glaubst du wirklich, daß Clemens so qualvoll –?« fragt Carola leise. »In dem Steinbruch oder …«

»Ich weiß es nicht. Laß doch. Quäle dich nicht«, murmelte er wie im Schlaf. »Für Clemens ist es vorbei.«

»Ja«, sagte sie mechanisch, »für Clemens ist es vorbei.« Sie nickte ein paarmal mit dem Kopf und fing dann von neuem an.

»Aber man möchte doch wissen.«

»Was – wissen?«

»Ob er jetzt Frieden hat«, sagte sie, halb erstickt.

»Da kannst du ganz ruhig sein. Du weißt doch, wofür er gestorben ist.«

»Ich weiß es. Aber siehst du, als Kind konnte ich schon nicht schlafen, wenn mein Spielzeug im Hof geblieben war; das Holzpferd oder der Puppenjunge.

Wenn es Regen gibt! Wenn er allein ist und hat Angst vor der Dunkelheit, dachte ich. Verstehst du mich denn nicht?«

Er gab keine Antwort, Carola schien sie auch nicht zu erwarten, sondern richtete ihre Fragen an einen ganz anderen.

»Ist das Sterben schwer? Du kannst es mir sagen. Der Augenblick, wo sich die Seele losreißt von allem, was sie hat?«

Nun bewegte sich doch noch ein leiser Wind und hob die äußersten Enden der Weißdornzweige empor; die schräge fallenden Sonnenstrahlen wanderten über den Stahlhelm und entzündeten auf der erblindeten Fläche einen winzigen Funken von Licht.

»Liegst du gut?«

Der junge Mann warf den Kopf wie im Traum auf ihrem Schoß hin und her; sein verfinstertes junges Gesicht mit den Linien der unbarmherzigen Jahre entspannte sich unter den streichelnden Händen, die seine widerspenstigen Strähnen langsam und zart zu glätten versuchten und über die Stirn zu den Schläfen und von da aus über die Wangen gingen … die Lippen, die ihre kühlen Finger mit einem leise saugenden Kuß festzuhalten versuchten … bis die Finger endlich, selber beruhigt, in der Halsgrube liegenblieben, wo mit gleichmäßig starken Schlägen die lebendige Schlagader pochte.

»Ich liege gut«, gab der junge Mann mit entfernter

Stimme zurück. »Ich möchte immer so liegen. Immer …« Er seufzte und flüsterte etwas, was Carola, weil er dabei den Mund auf ihre Hände preßte, nicht verstand; doch sie fragte auch nicht danach.

Nach einer Weile sagte das Mädchen: »Ich muß jetzt weiter machen. Die Mutter kommt bald nach Haus. Übrigens, daß ich es nicht vergesse: der Kuratus hat gestern nach dir gefragt. Es ist jetzt großer Mangel an älteren Ministranten, besonders bei Hochämtern, weißt du, an hohen Festen, und so. Ob du nicht?«

»Nein. Ich will nicht.« Der Bursche verzog seinen Mund.

»… die Kleinen können den Text nicht behalten, sie lernen schlecht und sind unzuverlässig«, fuhr sie unbeirrt und beharrlich fort. »Bei dem Requiem neulich –«

Sie stockte. Dicht vor beiden flog ein Zitronenfalter mit probenden Flügelschlägen vorbei und ließ sich vertrauensvoll und erschöpft auf dem Korb mit den Pflänzchen nieder.

»Meinetwegen«, sagte der Bursche. »Nein: deinetwegen«, verbesserte er. »Damit du Ruhe hast«, fügte er noch hinzu.

»Damit er … Ruhe hat«, sagte sie und griff nach dem Pflanzenkorb.

Das war ein Frühling!

Das war ein Frühling, – süß und selig sang
Die Nachtigall die ganzen Nächte lang.
Der blaue Tag, der sonnenlichtdurchglühte,
War trunken von dem Duft der Fliederblüte.

Voll goldnen Bernsteins lag der ganze Strand,
Die Wellen sangen süß im weichen Sand,
Auf Möwenflügeln flog ins Licht, ins klare,
die wilde Sehnsucht meiner achtzehn Jahre.

Letzter Frühling

Nimm die Forsythien tief in dich hinein
und wenn der Flieder kommt, vermisch auch diesen
mit deinem Blut und Glück und Elendsein,
dem dunklen Grund, auf den du angewiesen.

Langsame Tage. Alles überwunden.
Und fragst du nicht, ob Ende, ob Beginn,
dann tragen dich vielleicht die Stunden
noch bis zum Juni mit den Rosen hin.

Noch gestern

Dies Frühjahr ist wie ein Herbst,
ein Abschiednehmen
von allem was kommt.
Das Karussell
fährt vorbei.
Das Karussell mit den großen Tieren.
Nie wieder
wirst du mitfahrn
und warst doch noch gestern
eins von den Kindern die mitfahren müssen.
Du wirst die Geste noch machen,
fast alle machen ja nichts als die Geste,
Leben heißt höflich sein,
kein Spielverderber.
Du ißt das Eis, das man dir in die Hand gibt,
du lächelst, weil alle lächeln,
fast alle machen die Geste der Freude
für die andern.
Gestern hast du gelacht,
weil du gelacht hast.
Du mußt es weiter tun,
du darfst niemand enttäuschen.
Viele Tage werden auch blau sein,

es gibt immer
blaue Tage,
wo Lachen leichter ist,
beinah wie früher –
beinah.

Keiner außer dir kennt die kleine Linie,
den Strich auf dem Boden,
den riesigen Strom,
den du nie mehr
überquerst.

Nachweise

ACHIM VON ARNIM (1781–1831)
Der Kirschbaum
Aus: Ders.: Werke. Bd. 5: Gedichte. Frankfurt am Main: Deutscher Klassiker Verlag, 1994.

ELIZABETH VON ARNIM (1866–1941)
Verzauberter April.

ROSE AUSLÄNDER (1901–1988)
Mai
Aus: Dies.: Gedichte.

FERDINAND AVENARIUS (1856–1923)
Vorfrühling
Aus: Ders.: Wandern und Werden. Florenz und Leipzig: Diederichs, 1898.

GOTTFRIED BENN (1886–1956)
Anemone
Aus: Ders.: Statische Gedichte. Hrsg. v. Paul Raabe.

Letzter Frühling
Aus: Ders.: Sämtliche Gedichte

CLEMENS BRENTANO (1778–1842)
Frühlingsschrei eines Knechtes aus der Tiefe
Aus: Ders.: Werke. Hrsg. v. Friedhelm Kemp. München: Hanser, 1963.

BARTHOLD HEINRICH BROCKES (1680–1747)
Kirschblüte bei der Nacht
Aus: Ders.: Irdisches Vergnügen in Gott. Hrsg. v. Hans-Georg Kemper. Leipzig: Reclam, 2001.

MAX DAUTHENDEY (1862–1918)
Die Amseln haben Sonne getrunken
Aus: Deutsche Dichtung der Neuzeit. Hrsg. v. Hans Bender. Dortmund: Crüwell Verlag, 1972.

HILDE DOMIN (1909–2006)
Aussaat
Der Frühling ein riesiger Specht
Noch gestern
Aus: Dies.: Gesammelte Gedichte.

ANNETTE VON DROSTE-HÜLSHOFF (1797–1848)
Am dritten Sonntage nach Ostern; Am Palmsonntage
Aus: Das Geistliche Jahr. Paderborn 1920.

JOSEPH VON EICHENDORFF (1788–1857)
Ahnung und Gegenwart. Wien: Bergland Verlag, 1949.

MAX FRISCH (1911–1991)
Seiltänzer
Aus: Ders.: Tagebuch 1946–1949.

STEFAN GEORGE (1868–1933)
Lied
Aus: Ders.: Die Gedichte. Stuttgart: Klett-Cotta, 2003.
Frühlingsfieber
Aus: Ders.: Tage und Taten. Stuttgart: Klett-Cotta, 1998.

JOHANN WOLFGANG VON GOETHE (1749–1832)
Vom Eise befreit …
Aus: Ders.: Faust. Leipzig: Insel Verlag, 1956.
Torquato Tasso
Aus: Ders.: Torquato Tasso. Hrsg. v. Joseph Kiermeier-Debre. München: Deutscher Taschenbuch Verlag, 1998.

CLAIRE GOLL (1890–1977)
Das ist mein Frühling
Aus: Unter dem sapphischen Mond. Deutsche Frauenlyrik seit 1900. Hrsg. v. Oda Schaefer. München: Piper, 1957.

JAKOB HARINGER (1898–1948)
Albumblatt
Aus: Ders.: Das Schnarchen Gottes und andere Gedichte. Hrsg. von Jürgen Serke.

GEORG HEYM (1887–1912)
Frühjahr
Aus: Ders.: Werke. Hrsg. v. Gunter Martens. Stuttgart: Reclam, 2006.

HEINRICH HEINE (1797–1856)
Im wunderschönen Monat Mai
Die blauen Frühlingsaugen
Aus: Ders.: Sämtliche Gedichte in zeitlicher Folge. Hrsg. v. Klaus Briegleb. Frankfurt am Main: Insel, 1997.

HUGO VON HOFMANNSTHAL (1874–1929)
Blühende Bäume
Vorfrühling
Aus: Deutsche Dichtung der Neuzeit. Hrsg. v. Hans Bender. Dortmund: Crüwell Verlag, 1972.

FRIEDRICH HÖLDERLIN (1770–1843)
Der Frühling
Aus: Ders.: Sämtliche Werke und Briefe. Erster Band. Hrsg. v. Günter Mieth. München: Hanser, 1970.

RICARDA HUCH (1864–1947)
Nicht alle Schmerzen sind heilbar
Aus: Dies.: Gesammelte Werke, Band 5. Hrsg. v. Wilhelm Emrich.

PETER HUCHEL (1903–1981)
Aprilregen
Der Zauberer im Frühling
Frühling im Stadtpark
Vorfrühling
Vorfrühlingsnacht
Aus: Ders.: Gesammelte Werke in zwei Bänden. Band 1: Die Gedichte. Frankfurt am Main: Suhrkamp 1984.

UWE JOHNSON (1934–1984)
Osterwasser
Aus: Ders.: Jahrestage. Aus dem Leben der Gesine Cresspahl.

MASCHA KALÉKO (1907–1975)
Nennen wir es Frühlingslied
Aus: Dies.: In meinen Träumen läutet es Sturm.

EDUARD VON KEYSERLING (1855–1918)
Beate und Mareile
Aus: Ders.: Beate und Mareile. Frankfurt am Main: Fischer Taschenbuch Verlag, 1983.

GERTRUD KOLMAR (1894–1943)
Eine Mutter
Aus: Unter dem sapphischen Mond. Deutsche Frauenlyrik seit 1900. Hrsg. v. Oda Schaefer. München: Piper, 1957.

ELISABETH LANGGÄSSER (1899–1950)
Ostermontag
Vorfrühlingswald
Die getreue Antigone
Aus: Dies.: Gesammelte Werke Bd. 3: Gedichte sowie aus: Ausgewählte Erzählungen

ELSE LASKER-SCHÜLER (1869–1945)
Frühling
Maienregen
Aus: Dies.: Werke und Briefe. Kritische Ausgabe, Band 1: Die Gedichte

CHRISTINE LAVANT (1915–1973)
Drei Blicke von meinen Augen entfernt …
Aus: Dies.: Zu Lebzeiten veröffentlichte Gedichte. Hrsg. und mit einem Nachwort von Doris Moser und Fabjan Hafner.
Christine Lavant: Werke in vier Bänden (Hg. von Klaus Amann und Doris Moser. Im Auftrag des Robert-Musil-Instituts der Universität Klagenfurt und der Hans Schmid Privatstiftung), Bd. 1
© Wallstein Verlag, Göttingen

GERTRUD VON LE FORT (1876–1971)
Pfingsten
Aus: Kompaß – Ein Lesewerk. Paderborn: Schöningh, 1965.
© Deutsche Schillergesellschaft, Marbach am Neckar

WILHELM LEHMANN (1882–1968)
An meinen ältesten Sohn
Aus: Ders.: Gesammelte Werke in 8 Bänden. Hrsg. von Agathe Weigel-Lehmann u.a. Band 1: Sämtliche Gedichte. Hrsg. von Hans Dieter Schäfer.
© Klett-Cotta, Stuttgart 1982

HERMANN LENZ (1913–1998)
Der innere Bezirk. Roman in drei Büchern
© Insel Verlag Frankfurt am Main 1980. Alle Rechte bei und vorbehalten durch Insel Verlag Berlin

DETLEV VON LILIENCRON (1844–1909)
Märztag
Schwalbensiziliane
Aus: Ders.: Gesammelte Werke. Hrsg. von Richard Dehmel. Berlin: Schuster & Loeffler, 1911–1921.

OSKAR LOERKE (1884–1941)
Die Einzelpappel
Aus: Ders.: Die Gedichte

THOMAS MANN (1875–1955)
Der Zauberberg. (= Große kommentierte Frankfurter Ausgabe, Band 5.1)

AGNES MIEGEL (1879–1964)
Das war ein Frühling!
Aus: Dies.: Gedichte. Stuttgart und Berlin 1908.
Tulpen
Aus: Dies.: Truso. Geschichten aus der alten Heimat. Düsseldorf: Diederichs, 1958.

EDUARD MÖRIKE (1804–1875)
Im Frühling
Frühling läßt sein blaues Band
Karwoche
Aus: Ders.: Sämtliche Werke. München: Hanser, 1967.

WILHELM MÜLLER (1794–1824)
Die Fenster auf …
Frühling der Liebe
Aus: Ders.: Die Winterreise und andere Gedichte. Frankfurt am Main: Insel, 1994.

RAINER MARIA RILKE (1875–1926)
Vorfrühling
Aus: Deutsche Dichtung der Neuzeit. Hrsg. v. Hans Bender. Dortmund: Crüwell Verlag, 1972.
Heinrich Vogeler
Aus: Ders.: Worpswede. Monographie einer Landschaft und ihrer Maler. Bremen: Schünemann, 1951.

EUGEN ROTH (1895–1976)
Aufbruch
Aus: Ders.: Mensch und Unmensch. München: Hanser, 1948.

FRIEDRICH RÜCKERT (1788–1866)
Liebesfrühling
Aus: Deutsches Lesebuch für höhere Mädchenschulen. Münster i. W.: Schöningh, 1909.

INA SEIDEL (1885–1974)
Trost
Aus: Dies.: Gedichte

Letztes Hoffen
Aus: Dies.: Das Wunschkind

ERNST STADLER (1883–1914)
Vorfrühling
Aus: Ders.: Dichtungen, Schriften, Briefe. München: C. H. Beck, 1983.

ADALBERT STIFTER (1805–1868)
Die Mappe meines Urgroßvaters
Veilchen
Aus: Ders.: Gesammelte Werke. Gütersloh: Bertelsmann, 1956.

THEODOR STORM (1817–1888)
April
Die Kinder haben …
Eine Frühlingsnacht
Frühlingslied
Ostern
Aus: Ders.: Sämtliche Gedichte in einem Band. Frankfurt am Main: Insel, 2002.
Viola Tricolor
Aus: Ders.: Am Grauen Meer. Novellen. Gütersloh: Bertelsmann, 1949.

LULU VON STRAUSS UND TORNEY (1873–1956)
Knabe Frühling
Aus: Dies.: Neue Balladen und Lieder. Berlin: Fleischel & Co, 1907.

GEORG TRAKL (1887–1914)
Frühling der Seele
Aus: Ders.: Die Dichtungen. Salzburg: Otto Müller Verlag, 1938.
Im Frühling
Aus: Ders.: Sebastian im Traum. Leipzig: Kurt Wolff, 1915.

LUDWIG UHLAND (1787–1862)
Frühlingsahnung
Frühlingsglaube
Aus: Ders.: Werke. Band I. München: Winkler, 1980.

UNBEKANNTER DICHTER
Maykäfer flieg!

WALTHER VON DER VOGELWEIDE (um 1170–1230)
Uns hat der Winter über alles Schaden zugefügt
Wenn die Blumen aus dem Gras sprießen
Aus: Ders.: Gedichte. Ausgewählt, übersetzt und mit einem Kommentar versehen von Peter Wapnewski. Frankfurt am Main: Fischer Taschenbuch Verlag, 2008.

ROBERT WALSER (1878–1956)
Das Frühjahr
Frühling
Aus: Ders.: Sämtliche Werke in Einzelausgaben. Herausgegeben von Jochen Greven.

KONRAD WEISS (1880–1940)
Blüte
Frühling im Regen
Aus: Ders.: Gedichte 1914–1939. München: Kösel, 1961.
Mit freundlicher Genehmigung von Friedhelm Kemp

CARL ZUCKMAYER (1896–1977)
Cognac im Frühling
Der kranke Bauer im Frühling
Aus: Ders.: Gesammelte Werke in vier Einzelbänden. Band 3: Gedichte · Erzählungen. Frankfurt am Main: S. Fischer, 1960.

Weihnachten mit Fischer Klassik

Gedanken zum Fest
Herausgegeben von
Ulrike-Christine Sander
Band 90311

Die schönsten Weihnachtsgeschichten
Herausgegeben
von Michael Adrian
Band 90312

Die schönsten Weihnachtsmärchen
Herausgegeben
von Juliane Beckmann
Band 90313

Süßer die Glocken ...
Die schönsten Lieder und
Gedichte zur Weihnachtszeit
Band 90261

Das klassische Weihnachtsbuch
Herausgegeben
von Nicole Seifert
Band 90109

Charles Dickens
Weihnachtsgeschichten
Band 90113

Weihnachten mit Johann Wolfgang Goethe
Herausgegeben von
Ulrike-Christine Sander und
Matthias Siedenschnur-Sander
Band 90217

Weihnachten mit Theodor Fontane
Herausgegeben
von Michael Adrian
Band 90218

Weihnachten mit Thomas Mann
Herausgegeben
von Sascha Michel
Band 90219

Weihnachten mit Kurt Tucholsky
Herausgegeben
von Axel Ruckaberle
Band 90310

Nobelpreisträger bei Fischer Klassik

Ernest Hemingway
Wem die Stunde schlägt
Aus dem Amerikanischen
von Paul Baudisch
Band 90322

Elias Canetti
Die Blendung
Band 90321

William Golding
Herr der Fliegen
Aus dem Englischen
von Hermann Stiehl
Band 90323

Thomas Mann
Buddenbrooks
Band 90305

Selma Lagerlöf
Gesammelte Erzählungen
Aus dem Schwedischen
von Marie Franzos
Band 90383

Boris Pasternak
Doktor Shiwago
Aus dem Russischen
von Thomas Reschke
Band 90329

Pearl S. Buck
Die Frauen des Hauses Wu
Aus dem Amerikanischen
von Justinian Frisch
Band 90398

Fischer Taschenbuch Verlag